9 789358 726572

تعلیماتِ اسلامی اور عصرِ حاضر

(حصہ دوم)

(مجلہ 'الفرقان' [لکھنؤ] کے شماروں سے منتخب شدہ مضامین)

مرتب:

اداره الفرقان

ISBN 978-93-5872-657-2

9 789358 726572

کتاب	:	**تعلیماتِ اسلامی اور عصرِ حاضر** (حصہ دوم)
مرتب	:	ادارہ الفرقان
صنف	:	مذہب
ناشر	:	تعمیر پبلی کیشنز (حیدرآباد، انڈیا)
سالِ اشاعت	:	۲۰۲۴ء
صفحات	:	۷۶
سرورق ڈیزائن	:	تعمیر ویب ڈیزائن

فہرست

☆ حضرت مولانا محمد عبدالقوی صاحب

نئی نسل کے علماء وفضلاء کے نام
ایک دردمندانہ پیغام

[محترم المقام مولانا محمد عبدالقوی صاحب ہمارے ملک کے ہم عصر علماء میں ممتاز مقام رکھتے ہیں، فکر کی سلامتی وپختگی، علم میں رسوخ اور عمل میں استقامت کے لحاظ سے وہ اکابرواسلاف کے طرز کے پوری طرح وارث نظر آتے ہیں، بارک اللہ فی حیاتہ

اب سے ۳۰ سال پہلے اپنی مادرِ علمی اور حیدرآباد کے مشہور تعلیمی ادارے دارالعلوم حیدرآباد میں جلسۂ ختمِ بخاری کے موقع پر انہوں نے ذمہ داران دارالعلوم کی فرمائش پر کچھ معروضات ایک مقالہ کے طور پر پیش کی تھیں۔ کچھ عرصہ قبل وہ مقالہ نظرِ ثانی اور حذف واضافہ کے بعد انہوں نے شائع بھی کردیا۔ حال ہی میں حیدرآباد کے ایک سفر کے موقع پر وہ رسالہ انہوں نے راقم سطور کو عنایت فرمایا۔ مطالعہ سے بہت نفع ہوا، اپنی حالتِ زار پر بہت شرم آئی، خیال ہوا کہ اسے اپنی برادری کے زیادہ سے زیادہ حضرات تک پہنچایا جائے، شاید کہ لوگ عملی نفع اٹھالیں۔۔۔ گنجائش کی کمی کی وجہ سے کچھ فقرے حذف بھی کرنے پڑے ہیں ————مدیر]

الحمد للہ وکفیٰ وسلام علیٰ عبادہ الذین اصطفیٰ اما بعد

قال اللہ تعالیٰ:   یٰۤاَیُّهَا الَّذِیْنَ اٰمَنُوا اتَّقُوا اللّٰهَ وَ کُوْنُوْا مَعَ الصّٰدِقِیْنَ ۱۱۹

وقال رسول اللہ ﷺ: لکل شیء معدن ومعدن التقویٰ قلوب العارفین

میرے دوستو اور ساتھیو!

آج آپ کو دستارِ فضیلت عطا کرکے ملت کی اصلاح وفلاح، ان کی قیادت ورہنمائی اور دعوت الی اللہ کی وہ عظیم ترین وگراں بار ذمہ داری اساتذہ کرام کی جانب سے سونپی جارہی ہے جس کے لئے پہلے انبیاء ورسل

☆ ناظم ادارہ اشرف العلوم، حیدرآباد

تشریف لایا کرتے تھے اور جو ہمارے نبی ختمی مرتبت صلی اللہ علیہ وسلم کے بعد سلسلہ نبوت کے اختتام کی وجہ سے امت کے علماء کرام کی ذمہ داری قرار دی گئی ہے۔اس لئے میں اس موقعہ پر ایک مخلص رفیق وصدیق کی حیثیت سے آپ کو وہ مضمون یاد دلانا چاہتا ہوں جس کے بغیر اس ذمہ داری سے بحسن وخوبی عہدہ برآ ہونے کا تصور بھی نہیں کیا جاسکتا۔جس کی اگرچہ ہر زمانہ میں اہمیت سمجھی گئی تھی مگر اس زمانے کے حالات کے پیش نظر اس مضمون کے مذاکرہ اور مطالبہ کی ضرورت اور زیادہ ہوگئی ہے۔اور وہ مضمون ہے ''تکمیلِ دین میں صحبتِ کاملین کی اہمیت''۔

میرے دوستو! اتنا تو ہم سب جانتے ہیں کہ انسان اپنی فطرت کے اعتبار سے اجتماعی وتمدنی مزاج کا حامل ہے۔ایک دوسرے کو نفع یا نقصان کا پہنچنا فطری امر ہے۔المرء علی دین خلیلہ (مسند احمد) مثل الجلیس الصالح والسوء کحامل المسک ونافخ الکیر (مسند المکثرین ۸۰۶۵) المرء مع من أحب (بخاری کتاب الادب ۵۷۰۲) اور ان جیسی دیگر احادیث شریفہ نیز قرآن مجید کی آیات مقدسہ اس پر شاہد ہیں کہ انسان کا بناؤ بگاڑ ماحول سے جس قدر متعلق ہے اتنا کسی اور چیز سے نہیں ہے۔کتنے ہی برے لوگ آئے دن اچھی صحبت کی برکت سے نیک وکار،اور کتنے ہی اچھے لوگ برے ماحول کی بدولت بدکار ہوتے رہتے ہیں۔عیاں را چہ بیان؟

اور جہاں تک اخلاق کی تربیت کا معاملہ ہے تو اس کے لئے مناسب ماحول اور اچھی صحبت کے علاوہ ایسے شخص کی بھی ضرورت پڑتی ہے جو تربیت کے راستہ پر ہم سے پہلے چل چکا ہو اور راہ کے نشیب وفراز سرد وگرم کا پختہ تجربہ رکھتا ہو۔

پھر یہ چونکہ ایک فطری وخلقی معاملہ ہے اس لئے ایک اخلاق ہی کیا ہر لائن میں اس کا مشاہدہ کیا جاسکتا ہے۔چنانچہ امور دنیویہ میں بھی کاملین کی صحبت ہی آدمی کے با کمال ہونے کا اطمینان دلاتی ہے۔ دیکھئے کسی ڈاکٹر کو برسہا برس کی تعلیم کے بعد بھی ڈاکٹر ہونے کی سند اس وقت تک نہیں دی جاتی جب تک کہ وہ سینئر ڈاکٹرز کی زیر نگرانی وسرپرستی معتد بہ عرصہ تک کام نہ کر لے،کوئی انجینئر محض تعلیم سے اس وقت تک عملی کردار ادا نہیں کر سکتا نہ ہی لوگ اپنے کاموں کے سلسلہ میں اس پر اعتماد کرتے ہیں تاوقتیکہ ماہر و پختہ کار انجینئر کے ساتھ کچھ عرصہ رہ کر عملی تجربہ نہ کر لے۔کوئی لائر، قابل ایڈوکیٹ اس وقت تک نہیں کہلاتا نہ عوام وخواص میں قبولیت حاصل کر سکتا ہے جب تک کہ کسی سینئر ایڈوکیٹ کے جونیئر ہونے کا شرف حاصل نہیں کر لیتا۔یہی بات تمام علوم وفنون میں دنیا کے ہر عقل مند کے نزدیک مسلم ہے۔پس جب یہ بات عقل ونقل دونوں اعتبار سے مسلم ہے تو یہ بات بھی تسلیم کرنی پڑے گی کہ عین اسی فطرت کے مطابق انسان کے اعمال واخلاق

کی اصلاح اور علم و عمل میں موافقت کیلئے بھی اس سلسلہ میں واردشدہ وعدوں اور وعیدوں مدحتوں اور مذمتوں کا ''علمِ محض'' مفیدِ مقصد تو ہوسکتا ہے کافی نہیں ہوسکتا۔ جب تک کہ علماء ربانئین اور مشائخ کاملین کی صحبت و معیت معتد بہ زمانہ تک حاصل نہ ہو اور ان کی نگرانی میں معلومات کو معمولات میں تبدیل نہ کرلیا جائے۔ اس وقت تک آدمی کی انسانیت مکمل ہوتی ہے نہ اسلامیت!

یہی وجہ ہے کہ پروردگارِ عالم نے انسانیت کے لئے قائم کردہ ''نظامِ ہدایت'' میں ''انزالِ کتب و صحف'' کے ساتھ ساتھ ''ارسالِ انبیاء و رسل'' کو بھی ضروری سمجھا۔ چنانچہ یہ تاریخی حقیقت ہے کہ دنیا میں ''نبی بغیر کتاب'' تو ہزار بار تشریف لائے لیکن ''کتاب بغیر نبی'' کے ایک بھی نہیں بھیجی گئی۔

برادرانِ عزیز و یارانِ سبیل!

اسی طرح میں آپ کی توجہ اس طرف بھی مبذول کرانا چاہوں گا کہ حق تعالیٰ نے قرآنِ کریم میں نبی کریم ﷺ کی بعثت کا ایک مقصد جہاں یُعَلِّمُهُمُ الْکِتٰبَ وَالْحِکْمَةَ (البقرہ ۱۲۹) بتلایا ہے وہیں پر ان کی بعثت کی ایک دوسری غرض وَیُزَکِّیْهِمْ بھی قرار دی ہے۔ خود آپ ﷺ نے بھی اپنی شناخت اگر کبھی بعثتِ معلما کے ذریعہ کرائی تو کبھی بعثت لاتمم مکارم الاخلاق (رواہ البخاری فی الادب المفرد، رقم ۲۷۳) کے عنوان سے بتلائی ہے۔ جس کا صاف مطلب یہ ہے کہ علم، بلاعمل اور عمل، بلاتزکیۂ باطن وتصفیۂ اخلاق قبولیت کے لائق ہونے کے لئے کافی نہیں ہے۔ بلکہ علم کے ساتھ عمل کا جڑنا اور عمل کے ساتھ اخلاص وللہیت اور خداترسی کا جمع ہونا ضروری ہے۔ اور ظاہر ہے کہ یہ چیز بلاصحبت کاملین و معیت صادقین کے حاصل ہونا عادۃً ممکن نہیں۔ اسی لئے قرآنِ کریم میں تمام اہل ایمان کو مخاطب کر کے ''صادقین'' کی معیت اختیار کرنے کا حکم دیا گیا ہے یٰاَیُّهَا الَّذِیْنَ اٰمَنُوا اتَّقُوا اللّٰهَ وَ کُوْنُوْا مَعَ الصّٰدِقِیْنَ (التوبہ ۱۱۹) ''اے ایمان والو! تقویٰ اختیار کرو اور (اس کے لئے) صادقین کی صحبت اختیار کرو'' آپ غور فرماویں کہ حصولِ تقویٰ کا ذریعہ نبی کریم ﷺ نے بھی تقویٰ اللہ و تعلق مع اللہ کی دولت کو کتابوں کے صفحات پر ڈھونڈنے کے بجائے عارفین کے قلوب سے اخذ کرنے کی تاکید فرمائی ہے لکل شی معدن و معدن التقویٰ قلوب العارفین، اسی کو حضرت حکیم اختر صاحب دامت برکاتہم فرماتے ہیں۔

ان سے ملنے کی ہے یہی اک راہ   ملنے والوں سے راہ پیدا کر

اور مولانا روم بہت پہلے فرما چکے ہیں ۔

بے عنایات حق و خاصانِ حق   گر ملک باشد سیہ ہستنش ورق

دوستو! عارفین وصادقین کی معیت وصحبت کا حکم اور اس کی اہمیت تو معلوم ہوگئی، اب دیکھنا یہ ہے کہ صادقین کون ہیں؟ ۔۔۔ وہی اصحابِ علم وعمل جن کی زندگی امتثالِ اوامر واجتنابِ نواہی کا مظہرِ جمیل بنی ہوئی ہے أُولَٰئِكَ الَّذِينَ صَدَقُوا ۖ وَأُولَٰئِكَ هُمُ الْمُتَّقُونَ ۝ (البقرہ) معلوم ہوا کہ متقین ہی صادقین ہیں ۔ پھر تقویٰ کی حقیقت احکام کی بجا آوری اور نواہی ومناہی سے احتراز واجتناب ہے ۔ التقویٰ ھی محافظۃ أداب الشریعہ ، و مجانبۃ کل مایبعد کمن اللہ تعالی '' آدابِ شریعت کی حفاظت اور اللہ تعالیٰ کی رضا سے دور کرنے والے اعمال سے اجتناب تقویٰ ہے'' ۔ اب رہ گیا یہ کہ یہ اہلِ صدق وصفا کی معیت ومصاحبت کس قدر ہونی چاہئے؟ تو اس کا جواب صاحبِ روح المعانی علامہ سید محمود آلوسی بغدادی نے لتکو نو امثلھم (روح المعانی ۴ / ۷) سے تفسیر کر کے دے دیا ہے ۔ یعنی ان کی معیت اتنی ہونی چاہئے کہ تم خود بھی ویسے ہی ہو جاؤ اور اسی رنگ میں رنگ جاؤ ۔ چنانچہ اس حکم کی تعمیل میں اہلِ اللہ ہمیشہ صحبتِ صالحین وکاملین کا اہتمام فرماتے ہیں ۔ اس کے لئے دعائیں مانگتے اور اپنے چاہنے والوں کو بھی اس کی تلقین فرماتے رہے ۔

ہندوستان کے مشہور مشائخ میں مرزا مظہر جان جاناں ؒ سے اہلِ علم میں کون ناواقف ہوگا ۔ صحبتِ صالحین کی افادیت واہمیت پر روشنی ڈالتے ہوئے فرماتے ہیں کہ '' اگر مجھے شب قدر ملِ جائے تو میں اس میں اللہ تعالیٰ سے صحبتِ صالحین ورفاقتِ کاملین کی نعمت طلب کروں گا'' ۔

انہی کے خلیفہ تفسیرِ مظہری کے مصنف ، فقیہ وقت ، بیہقی الہند حضرت قاضی ثناء اللہ پانی پتی ؒ اپنی معروف ومتداول کتاب '' مالا بدمنہ'' ۔۔۔ جس کو ہم لوگ ابتدائے درسِ نظامی ہی میں پڑھ چکے ہیں ۔۔۔ میں '' کتاب الحج'' کے اختتام پر '' کتاب الاحسان'' کا آغاز کرتے ہوئے فرماتے ہیں ، جو کچھ ہم نے گذشتہ صفحات میں بیان کیا ہے وہ شریعت کا ظاہر اور پوست تھا، یہاں سے شریعت کے باطن اور اس کے مغز کو بیان کرتے ہیں ۔ اور معلوم ہونا چاہئے کہ مغزِ شریعت '' کتابوں میں نہیں'' اللہ والوں اور خدا رسیدہ بزرگوں کی صحبت میں ملتا ہے ۔ حقیقت '' یعنی مغزِ شریعت جسے اصطلاح میں تصوف وسلوک کہا جاتا ہے'' کو شریعت سے علیحدہ نہ سمجھنا چاہئے کیوں کہ ایسا سمجھنا کفر وجہل ہے ۔ آگے فرماتے ہیں '' بہرحال پیغمبر ﷺ کے باطنی انوار وبرکات کو اہلِ اللہ کی صحبتوں اور خدمتوں سے حاصل کر کے اس نورِ مبارک سے اپنے سینوں کو منور ومجلی کرنا چاہئے'' ۔

اسی طرح مشہور فقیہ وصاحبِ فتوی عالم ابن عابدین شامی فقہ حنفی کی اپنی مایۂ نازتصنیف کے مقدمہ میں فرماتے ہیں ''حسد، عجب، کبروغیرہ امراض باطنی کا علم حاصل کرنا ہر مسلمان پر اسی طرح فرض عین ہے جس طرح دیگر فرائض ظاہرہ''اور ظاہر ہے کہ اس حساس ولطیف علم کا ادراک بغیر تجربہ وصحبت کاملین کے محض کتابوں سے نہیں ہوسکتا۔

نہ کتابوں سے نہ وعظوں سے نہ زر سے پیدا   دین ہوتا ہے بزرگوں کی نظر سے پیدا

اس تفصیل سے معلوم ہوا کہ فقہاء ظاہر بھی فقہ باطن کے قائل ہیں اور صرف ضرورت کے نہیں فرض عین ہونے کے قائل ہیں۔اسی لئے امام ابوالقاسم قشیری فرماتے ہیں کہ ''ہر مسلمان کے لئے ضروری ہے کہ اس کا کوئی استاذ ومربی ہو،اس لئے کہ جس نے ایسا نہیں کیا وہ کبھی فلاح یاب نہیں ہوا''۔شیخ ابوعلی دقاق فرماتے ہیں ''خود رو پودے اکثر جلانے کے ہی کام آتے ہیں اور غارس وکاشتکار کی نگرانی میں پروان چڑھنے والے درختوں سے پھل پھول برگ وبار دستیاب ہوتے ہیں''۔

غرض یہ کہ سلف صالحین سب کے سب اس ضرورت کے قائل ہیں۔خواہ علماء ہوں یا فقہا ومحدثین، خواہ ابتدا ہی سے خواہ اواخر ایام حیات میں،اور کیوں نہ ہوتے جب کہ قرآن وحدیث میں اعضاء وجوارح کے ساتھ قلب کو بھی پابندِ احکام کیا گیا ہے اور ظاہر کے ساتھ باطن کی تعمیر وتصلیح کا حکم دیا گیا ہے تو پھر کس کی مجال ہے کہ علوم ظاہر و باطنہ دونوں کے حصول اور ان کے ماہرین کے وجود کے ضروری ہونے کی مخالفت کرے؟ یہی وجہ ہے کہ مخالفین تصوف وسلوک بھی (جب انہیں اس سے مفر کی کوئی صورت نظر نہ آئی)تو اپنے لٹریچر میں اس مضمون کو مختلف عنوانات سے شامل کرنے پر مجبور ہوئے ہیں،مگر اسباب عادیہ وعقلیہ سے انحراف کرتے ہوئے محض فلسفیانہ انداز میں شامل کرنے کی کوشش کی ہے۔جب کہ راہِ حق کا سلوک ایک عملی شئے ہے۔فلسفہ سے اس کا کوئی تعلق نہیں۔

البتہ یہ بات اپنی جگہ مسلم ہے کہ اسلام کے قرونِ اولیٰ میں چونکہ صدق وصفائی ظاہراً وباطناً پورے ماحول پر غالب تھی، ہر مسلمان ایک دوسرے کا بصمیم قلب خیرخواہ تھا،اخلاق،اغراض کی جکڑ سے آزاد تھے، ظاہر و باطن میں یکسانیت تھی، تو کاملین کو تلاش کرنے ،با قاعدہ اور با اہتمام ان کی صحبت کو اختیار کرنے اور تربیتِ نفس وتزکیہ اخلاق کے لئے مختلف طرق وتدابیر وضع کرنے کی ضرورت نہیں پیش آتی تھی ۔لیکن جیسے جیسے۔اخبارِ نبوی کے مطابق۔امت کے دین ودیانت،امانت ودیانت اور اخلاص وللّٰہیت میں زوال آتا چلا گیا اور نفاق کی خوبو مسلمانوں میں رہنے لگی بسنے لگی تو سلف صالحین نے جس طرح قرآن کریم کی حفاظت کے لئے

اصول تجوید و تفسیر، حدیث شریف کی حفاظت کے لئے اسماء الرجال اور اصول حدیث اور احکام اسلامی کی حفاظت اور ان پر عمل کے رواج کو باقی رکھنے کے لئے اصول فقہ وضع کئے، پھر ان فنون کو مخصوص ترتیبوں اور عنوانات کے تحت مدون کرنے کا فریضہٗ عادلہٗ عطا فرمایا، نیز ان ذرائع کو مقاصد کا موقوف علیہ بن جانے کی وجہ سے (تقریباً) مقاصد کا ہی درجہ عطا کیا ، بالکل اسی طرح ''ماہرین علوم باطنہ'' نے بھی ''احسان و سلوک'' کی حفاظت کے لئے کاملین سلوک کے اوصاف کی نشاندہی اور تحصیل و تکمیل سلوک کے طریقوں کی ترتیبیں وضع کیں اور انہیں فنی اعتبار سے مرتب و مدون کیا۔ جن میں سب سے اہم چیز شیخ کا اپنے فن میں کامل اور شرع شریف کے احکامات پر سنت کے مطابق عامل ہونا ہے۔ اس سلسلہ میں صوفیا کرام کا عقیدہ ہے ؎

ترکِ سنت جو کرے شیطان گن   گھر ہوا میں اڑتا ہو وہ رات دن

جنید بغدادیؒ سے پوچھا گیا کہ ایک صوفی نما شخص اپنے خدا رسیدہ اور نماز روزہ سے مستثنیٰ ہونے کا دعویٰ کرتا ہے اس کے بارے میں آپ کیا فرماتے ہیں؟ فرمایا ''ہم بھی اس کے پہنچے ہوئے ہونے کی تصدیق کرتے ہیں مگر کہاں؟ جہنم میں!!'' نحن نصدق و صالہ ولکن الی السعیر۔

جس کا مطلب یہ ہے کہ سلف صالحین کے نزدیک صحبت کاملین اور تربیت نفس کی ضرورت دین اسلام کی تکمیل کے لئے تھی، نہ کہ ایک دوسرا دین وضع کرنے کے لئے۔

یہ اور بات ہے کہ مرور زمانہ کے ساتھ جہلاء اور ہوس پرستوں کی ایک جماعت اس راہ میں گھس آئی اور اس نے دین کی ایک اور شکل وضع کر ڈالی اور دعویٰ کرنے لگی کہ شریعت اور چیز ہے طریقت اور حقیقت اور شئے ہے۔ لیکن میں سنا چکا ہوں کہ ہمارے محقق علماء شریعت و طریقت کو ایک دوسرے سے جدا کرنے کو جہل و کفر سمجھتے تھے۔ ان کے نزدیک طریق کی حقیقت ''تعمیر الظاہر و الباطن'' تھی جو عین شریعت اور مطالبہ قرآن و سنت ہے۔

پھر یہ بات بھی تو سنجیدگی سے غور کرنے کی ہے کہ کیا ایسی بدعتیں صرف علوم باطنہ ہی میں پیدا ہوئیں؟ علوم ظاہرہ بدعات سے بالکل محفوظ ہیں؟ ہرگز نہیں! تو پھر بدعات کے اثرات سے بچنے کا جو علم فقہ ظاہر میں نکالا گیا ہے فقہ باطن میں بھی نکالا جا سکتا ہے۔ ایسا کیوں نہ کیا گیا؟ اور کیوں اسے بدعت کا نام دے کر سرے سے ترک کر دیا گیا، جبھی مصنوعی اشیاء کے مارکیٹ میں آجانے کی وجہ سے آپ ہی بتلائیں کہ اصلی کا استعمال بھی ترک کر دیا جاتا ہے؟ یا کہیں بیماریوں کے پھیلاؤ و زیادتی کو دیکھ کر حفظانِ صحت کی تدابیر ہی چھوڑ دی جاتی ہیں؟ یا اور چونکہ ناہموار کران کے اختیار کرنے میں شدت پیدا کر دی جاتی ہے؟ ہر صاحب سمجھ

فیصلہ کر سکتا ہے۔ یہی وجہ ہے کہ خیر القرون اور اسلام کے صدر اول کے گذر جانے کے بعد جب ظاہر و باطن میں اختلاف کے واقعات پیش آنے لگے تو سلف صالحین نے اس کی جانب خصوصی توجہ دی، اور اپنے ایمان کو ''نفاق عملی'' کے اثرات وخطرات سے محفوظ رکھنے کے لئے قرآن و حدیث کی روشنی میں مؤثر تدابیر کو اختیار فرمانا اور مسلمانوں کو اس کی تاکید کرنا شروع کیا۔ اور صحبت صادقین و صالحین کو ہر مسلمان کے لئے دین کی حفاظت کے واسطے لازم قرار دینے لگے ……

میرے دوستو اور رسا تھیو!

غور کیجئے کہ صحابہ کرامؓ سب کے سب صاحب علم نہیں تھے، ان میں سے بہت سے تو بہت زیادہ نوافل اور اذکار و اشغال کے پابند بھی نہیں تھے، اس کے باوجود ولایت کا جو مرتبہ ان کو حاصل ہوا اس پر اجماع ہے کہ پوری امت کے اولیاء، ابدال، اقطاب و اغواث مل کر ان کے مرتبہ ولایت کو نہیں پا سکتے تو آخر کس وجہ سے؟ اس لئے نہ کہ ان کو اولین و آخرین کے سب سے بڑے کامل، عارف و صادق، خلق عظیم کے حامل مربی یعنی حضرت محمد صلی اللہ علیہ وسلم کی صحبت مبارکہ نصیب ہوئی تھی اور ان کے بعد اب یہ کسی کے لئے ممکن نہیں ہے۔ تو اس فضیلت کا اصل سبب علم و عمل کے بجائے ''صحبت نبوی'' ہی قرار پایا۔

اس لئے ہمارے اکابر علماء دیوبند کے یہاں بھی جن کے مسلک کو ہم افراط تفریط سے محفوظ ایک نہایت ہی محتاط و معتدل مسلک سمجھتے ہیں……۔ شریعت کے ساتھ طریقت کو، علم کے ساتھ معرفت کو اور جہد وعمل کے ساتھ صحبت کاملین و عارفین کو اعتقاداً وعملاً لازم وملزوم سمجھا جاتا تھا، ان کی زندگیاں اسی جامعیت کا حسین آئینہ اور ان کی تعلیمات اسی حقیقت و واقعہ کا لا زوال خزینہ تھیں۔

حضرت گنگوہیؒ جیسے فقیہ، حضرت نانوتویؒ جیسے حکیم، حضرت سہارنپوریؒ جیسے محدث، حضرت شیخ الہندؒ جیسے شارح حدیث اور حضرت تھانویؒ و مدنیؒ جیسے جبال علم وفہم کا اپنے اپنے مشائخ کی خدمتوں اور صحبتوں میں رہنے کے لئے (باوجود اپنی تمام تر علمی و تحقیقی مصروفیات کے) وقت نکالنا، ان کی نگرانی و رہنمائی میں سراپا اطاعت ہو کر ریاضت و مجاہدہ کے مراحل سے اپنے آپ کو گذارنا اور اپنے سب کمالات کو وسائل و اسباب کی نسبت سے انہی کی نگہ عنایت اور صرف ہمت کی برکت تصور کیا کرنا کوئی شعبدہ بازی ہے یا کسی حقیقت کی عکاسی؟ پھر کیا ہم جیسوں کے لئے جو انہی بزرگوں کی عظمت سے منسوب ہو کر اور اِن ہی کا نام لیکر اپنا مقام و مرتبہ جتاتے پھرتے ہیں عبرت و موعظت حاصل کرنے کے لئے اس میں کوئی سبق موجود نہیں ہے؟

اگر ہے اور یقیناً ہے تو پھر کبھی ہم نے غور کیا کہ ان بڑے بڑے علماء کو جن کے پاسنگ کو بھی آج بھی ہم نہیں پہنچ سکتے آخر کیوں اپنے اپنے زمانے کے صاحب نسبت و حامل طریقت بزرگوں کی خدمت میں پہنچتے ،ان کے سامنے زانوئے سلوک طئے کرنے اور ان کی رہنمائی میں خود کو اور خودی کو فنا کرنے کی ضرورت محسوس ہوتی تھی؟

میں آپ کو ان میں سے چند قدیم و جدید ایسے علماء کی خدمت میں لے چلنا چاہتا ہوں جنہوں نے ''تعلیم و تزکیہ''،''شریعت و طریقت''اور''تعمیر ظاہر و باطن''کو جمع کرکے اپنی زندگی کے ایک ایک لمحہ کو سدا بہار و لا زوال بنالیا تھا ،وہ آج ہم میں نہیں ہیں لیکن ہمارے قلوب آج بھی ان کی عظمت و محبت سے بھر پور اور علم و عمل سے مرعوب ہیں ۔

❁ یہ ہیں امت کے علماء میں ایک عظیم المرتبت عالم دین، مشہور زمن و آبروئے فکر و فن ، حجۃ الاسلام و مقتدائے انام سیدنا الامام الغزالیؒ علم و فضل کا حال یہ ہے کہ تکمیل علوم کے بعد جب نیشاپور سے واپس ہونے کا ارادہ فرمایا تو اپنے وقت کے جلیل القدر عالم دین اور ان کے استاذ گرامی ابو المعالی امام الحرمینؒ نے شہر سے باہر نکل کر انہیں رخصت کیا۔ رخصت کرتے ہوئے اپنے اس ۲۷ سالہ نو جوان شاگرد کے بارے میں یہ شہادت دی کہ وہ اس زمانے کے''امام العلماء''ہیں، جب وہ بغداد کے جامعہ نظامیہ میں مسند صدارت پر فائز کئے گئے تو ان کے علم و فضل سے فائدہ اٹھانے والوں میں نو جوان طالبان علوم کے ساتھ ساتھ کبیر السن علماء کرام بھی شریک رہتے تھے۔ان کی وجہ سے جامعہ نظامیہ بغداد کو جو شہرت ،قبولیت اور عظمت و حشمت کا جو مقام ملا تاریخ گواہ ہے کہ وہ دربار شاہی کو بھی حاصل نہ ہوا تھا۔

اس سب کے باوجود جب تائیدِ غیبی سے انہیں اپنے نفس کی تربیت اور اخلاق کی اصلاح کی فکر نصیب ہوئی تو عزت و رفعت کے ان ظاہری مرتبوں ،سر بلندی و بلند پروازی کے پرفریب نقشوں اور دلربا منظروں سے اپنے آپ کو علاحدہ کرکے نیز طلباء علماء کے ایک جمِ غفیر کو ان کے اصرار کے باوجود نظر انداز کرکے بغداد کو خیر آباد کہہ دیا۔ دمشق پہنچ کر وہاں کے ایک شیخ کامل کی صحبت و معیت اختیار فرمائی ۔ان کے زیرِ سایہ و موافق ہدایت ذکر و شغل میں مصروف ہو گئے ۔ آپ غور کیجئے کہ علومِ ظاہرہ و مناصب عالیہ میں آخرہ کونسی چیز تھی جو والا امام الغزالی کو بغداد میں میسر نہ تھی؟ اگر کچھ کمی تو ظاہر ہے کہ بس اسی صحبت و معیت کی برکات اور علم و ہنر کے حقیقی ثمرات کی کمی تھی ۔جس کی جستجو و طلب نے انہیں عز و شرف ،،مقام و مرتبہ ،راحت و آرام سب سے بے نیاز کر دیا تھا۔ پھر اس عرصہ میں شیخ کامل کی صحبت و معیت اور ذکر و شغل کی پابندی سے انہوں نے جو کچھ پایا اور جس دولت بے بہا کو حاصل کیا اس پر وہ اس قدر مسرور و مطمئن ہوئے کہ اس راہ میں

جن دولتوں کی قربانی کرنی پڑی تھی اور جن مرتبوں کو ٹھکرانا پڑا تھا اس کا چنداں فکر و غم ان پر نظر نہ آتا تھا۔ آپ جانتے ہیں کہ اس عالم ربانی نے اس صحبت و تربیت میں کیا نفع محسوس کیا اور کس طرح اپنے معاصرین و ناقدین کے سامنے اس کا برملا اظہار کیا؟ سنئے اور انہیں کی زبان سے سنئے ''المنقذ من الضلال'' میں ان کے اعترافات کا خلاصہ ہے۔

''ہم پہلے جب دین کی خدمت، علم کی اشاعت کرتے تھے تو اس سے ہمارا مقصد صرف حبِ مال و جاہ ہی ہوا کرتا تھا اور اب خلوص وللہیت کا حال یہ ہے کہ ایک لفظ بھی ہماری زبان سے رضائے الٰہی کے علاوہ کسی اور نیت سے نہیں نکلتا''

❈ تقریباً یہی حال رمز آشنائے شریعت، نکتہ دان طریقت، عالم و عارف مولانا جلال الدین رومیؒ کا بھی ہے۔۔۔۔۔جن کی مثنوی شریف احسان وسلوک کے مسائل حل کرنے اور اوہام وشکوک کو زائل کرنے میں اپنی مثال آپ ہے۔ اور جو صدیوں سے اہل اللہ اور سالکین راہ طریق کے لئے دردِ دل کی دوا اور مرض غفلت کے لئے سبب شفاء بنی ہوئی ہے۔۔۔۔۔مولانا بھی شروع میں ''ملائے خشک'' تھے، لیکن جب شمس الدین تبریز جیسے صاحب نظر و اہل دل اللہ والے کی نظر فیض اثر نے ان کے دل میں درد محبت کی آگ جلا دی اور یادِ الٰہی کی تڑپ پیدا کر دی تو ان کی نظر میں اپنے لئے مولائے روم کا لقب، طالبان علم کا ہجوم، پاپوش برداروں اور حاشیہ نشینوں کی حقیقت، حتیٰ کی بادشاہ وقت خوارزم شاہ کی عقیدت مندی و پالکی برداری بے حیثیت اور ہیچ در ہیچ ہو کر رہ گئی۔ اک دردسا دل میں اٹھ گیا تھا۔ اک آگ سی روح میں لگ گئی تھی، طبیعت تھی کہ کسی ان دیکھی دولت ولذت سے محرومی کے احساس سے بے چین! اور عقل اس کے حصول کی تدبیروں میں مگن و مشغول!! نہ اغیار کی تنقیدوں وتنقیصوں کی پرواہ! نہ اپنوں کی طعن و تشنیع کا خوف! بہرحال سب طرف سے یکسو ہو کر اسی صاحب دل واہل نظر اللہ والے کا دامنِ تربیت صبر وثبات کے ہاتھوں تھام لیا اور انہی کی صحبت ومعیت کو مقصد حیات بنا لیا۔ کچھ ہی دن مجاہدوں اور ذلت ومسکنت کے راستوں سے گذرنے کے بعد وہ وقت بھی آیا کہ اپنے ان علوم میں جو لفظ و بیان تک محدود تھے کیف ولذت کی خوشبو آنے لگی۔ ایسا کیف، ایسی لذت کہ ہفت اقلیم کی سلطنت بھی اس کے سامنے پر کاہ سے حقیر تر، دل و دماغ میں وہ معارف وحکم کے چشمے ابلنے لگے کہ فنون ایران وعلوم یونان ان کے روبرو گرد راہ سے بدتر، آنکھوں کو وہ سرمۂ بصیرت ملا کہ نگاہیں مظاہر کی رکاوٹوں کو توڑ کر ان میں مخفی حقائق کا پتہ چلانے لگیں۔ قلب کو ذکرِ الٰہی کا وہ چسکا لگا کہ دنیا کی ہر لذت اس کے مقابلہ میں بے حیثیت ہو کر رہ گئی۔ غرض علم، صحیح معنوں میں علم بن گیا اور عقل،

حقیقت میں نورِ علم سے منور ہوگئی تو بے ساختہ اعتراف کیا اور پکار اٹھے ؎

مولوی نہ شد مولائے روم   تا غلام شمس تبریزی نہ شد

❀ یہ محقق تھانوی ؒ ہیں بڑے عالم، زبردست مفتی، مایۂ ناز خطیب، عظیم تر مصنف، مفسرِ قرآن اور پیر طریقت! حاجی امداد اللہ مہاجر مکی کی خدمت میں حاضر ہیں سراپا اطاعت ہیں، اپنی ہستی کو مٹا رہے ہیں، آخر کچھ تو پار ہے ہوں گے کچھ مل رہا ہوگا کسی کمی کی تکمیل اور تشنگی کی تسکین ہو رہی ہوگی ۔ ورنہ آخر اتنے بڑے عالم کو کیا ضرورت پڑی تھی وہاں جانے کی؟ علم و فن کے اعتبار سے کیا کچھ نہیں تھا۔ عزت و شہرت میں کیا کسر تھی ۔ پھر کسی شیخ کامل کی احتیاج کیوں محسوس کی گئی، اور پھر اس مجاہدہ و صحبت کی برکت کیا سے کیا پایا؟ انہی سے پوچھئے وہ اعتراف کر رہے ہیں ۔

خودی جب تک رہی اس کو نہ پایا   جب اس کو ڈھونڈ پایا تو خود عدم تھے

تمہاری کیا حقیقت تھی میاں آہ!   یہ سب امداد کے لطف و کرم تھے

اسی نسبت و صحبت سے پہلے اور بعد کی قلبی و روحانی صورتِ حال کو بھی ذرا دیکھئے کس طرح مستانہ وار بیان کر رہے ہیں ۔

جلا کردہ ٔ دستِ دلدار ہوں میں   سیہ دل تھا پر انوار ہوں میں

سنوارہ کس درجہ بگڑے ہوئے کو   مجھے دیکھ! آئینہ یار ہوں میں

پھر خانقاہ تھانہ بھون میں بڑے بڑے علماء کی موجودگی میں علمی نکتے بیان ہو رہے ہیں ۔ تصوف کی گرہیں کھولی جا رہی ہیں ۔ قرآنی علوم و حکم پر سے پردے اٹھائے جا رہے ہیں، احادیث مبارکہ کی مشکلات دور کی جا رہی ہیں، فقہی جزئیات واشگاف ہو رہی ہیں، درین اثنا کسی صاحبِ علم کی زبان سے بے ساختہ داد تحسین و آفرین نکل جاتی ہے ۔ اس کو سن کر ذہن اس سرچشمۂ برکات کی طرف چلا جاتا ہے جسے اللہ تعالیٰ نے اس کے دلِ سیاہ کو پُر انوار بنانے کے لئے اسباب کی اس دنیا میں منتخب کیا تھا۔ جواب میں زبان گویا ہوئی تو بایں الفاظ ؎

یہ سب حضرت حاجی صاحب کی برکت ہے

کسی نے آخر سوال کر ہی لیا کہ حضرت! یہ جو علوم آپ بیان فرماتے ہیں، ہم بھی تو عالم ہیں، ہمیں کسی کتاب میں نہیں ملے، آخر آپ کونسی کتابوں کا مطالعہ فرماتے ہیں؟ غور سے سنئے جواب کیا ارشاد ہو رہا ہے؟

میں نے ''کتب'' تو زیادہ نہیں دیکھیں البتہ چند ''قطب'' کو دیکھا اور ان سے فیض اٹھایا ہے ۔ یعنی حضرت حاجی صاحبؒ، حضرت نانوتویؒ، حضرت گنگوہیؒ، حضرت مولانا یعقوب صاحب وغیرہ ۔

﴿ یہ محدث کشمیری ہیں، پورا ہندوستان جن کے علم و فضل کے چرچوں سے گونج رہا ہے، کبھی عربی میں بات شروع ہوتی ہے تو پورا گھنٹہ عربی چل رہی ہے، لگتا ہے کسی قدیم عربی عالم کا درس ہے، کبھی فارسی میں تو فارسی ہی میں گویا ہیں ۔ سبق کیا ہے؟ علم و تحقیق کی میزان پر بڑوں پر بڑوں کو لایا اور تولا جا رہا ہے، ذہانت و فطانت، عقل و فراست، علم و تحقیق اور حفظ و یاد داشت میں، کہا جاتا ہے کہ، تاریخ گذشتہ پانچ صدیوں میں اس شخص کی نظیر نہیں پیش کر سکی ۔ ملک کے گوشہ گوشہ سے نہیں ، اقطاعِ عالم سے طالبین و شائقین شرفِ تلمذ حاصل کرنے کے لئے کھنچے چلے آ رہے ہیں ، طلبہ تو طلبہ، اساتذہ جسے دیکھ کر حیران ہیں اور انہیں قدرت کی ایک نشانی، اسلام کا ایک معجزہ قرار دیا جا رہا ہے ۔ جس کے درسِ حدیث میں شرکت اور تبادلۂ خیال و استفادۂ علم کے بعد ۔۔۔۔۔ باوجود مسلکی اختلاف کے ۔۔۔۔۔ یمن کے ایک زبردست عالم علی یمنی دارالعلوم کی مسجدِ قدیم میں طلبۂ مدرسہ سے خطاب کرتے ہوئے اپنے جذبات کا اظہار اس طرح کرنے پر مجبور ہیں کہ

لو حلفت انہ اعلم بابی حنیفہ لما حنثت

۔۔۔۔۔۔۔ اور جس کی ایک مختصر سے تقریر کے دوران بار بار اپنی جگہ سے بے ساختہ کھڑے ہو کر مصر کے مشہور عالم علامہ رشید رضا واللہ ماریت مثل ھذا العالم قط کی داد دیتے جا رہے ہیں ۔ اس سب کے باوجود دیکھنے والوں کی آنکھوں نے دیکھا اور قلم نے شہادت رقم کی کہ یہی محدثِ عظیم دن بھر اپنی درسگاہ میں علم و فضل کے موتی بکھیر نے کے بعد شام کو اپنے استاذ اور شیخ و مرشد حضرت شیخ الہند کی مجلسِ شریف کے ایک گوشہ میں دوزانو باادب وسراپا احترام بیٹھ کر پنکھے کی ڈوری کھینچنے میں مشغول ہے ۔ اللہ اکبر! آپ غور کر سکتے ہیں کہ علمی کمالات اور عرفی مراتب، ہی، اگر سب کچھ ہوں تو محدثِ کشمیری کو کونسی حاجت ان علمی و عملی سرفرازیوں اور نیک نامیوں کے باوصف بارگاہِ شیخ میں پہنچار ہی اور اپنے کو مٹانے، چھوٹا بنانے، عقیدت و خدمت کا بارِ گراں اٹھانے پر مجبور کر رہی ہے ۔ آخر وہ کیا چیز تھی جو انہیں کتابوں، درسگاہوں میں حاصل نہیں ہو سکی تھی جو لٹریچر کے صفحوں و لائبریری کی الماریوں میں دریافت نہ ہو سکی تھی جو عقل و خرد، ذکاوت و فراست کی جو لائنوں میں نہ مل سکی تھی، جو درس و تدریس، وعظ و تصنیف کی مشغولیتوں میں بھی نصیب نہ ہو سکی تھی؟؟ اور تھی ایسی اہم اور ضروری کہ کوئی مشغولی اس کے فکرِ حصول میں مانع ہو سکتی تھی نہ ہی کوئی مقام و مرتبہ اس کی سعی میں حائل ہو سکتا تھا! پھر یہی نہیں کہ صرف خود ہی کو اس جنون و دیوانگی میں مبتلاء کرنے میں اکتفا کر رہے ہوں بلکہ اپنے ان محبوب تلامذہ کو بھی جنہوں نے آٹھ برس کی مسلسل محنتوں، دن رات کی کاوشوں کے بعد جب علومِ آلیہ و عالیہ کی تحصیل سے فراغت کی سند حاصل کی تھی، انہیں بھی دستارِ فضیلت عطا کرتے ہوئے تاکیدی نصیحت اور

وداعی کلمات اگر فرما رہے ہیں تو اسی دیوانگی کی تلقین کے ساتھ کہ ''تم عالمِ حقیقی کہلانے کے اس وقت تک مستحق نہیں ہو سکتے جب تک کہ کسی اللہ والے کی صحبت میں چند دن رہ کر جوتیاں نہ سیدھی کرلو''۔

جوتیاں سیدھی کرنے کے جملے سے بعض ظاہر پرست دھوکا نہ کھاویں کہ یہ کونسی عبادت اور شرعی معاملت ہے؟ بات دراصل یہ ہے کہ ''جوتیاں سیدھی کرنا'' اس زمانہ میں ایک محاورہ بن گیا تھا اور اپنے کو فنا کرنے اور نفس کو منقاد و مطیع بنانے سے تعبیر تھا۔

۞ ان سے ملئے! یہ مولانا مدنی ہیں، شیخ الاسلام، حجۃ الانام، دارالعلوم دیوبند کی مسندِ حدیث کی زینت، جمعیۃ العلماء ہند کی آبرو، مجاہدِ مرتاض، جنگِ آزادی کے عظیم رہنما، جنہیں مدینہ منورہ میں مسجدِ نبوی شریف میں بیٹھ کر حدیثِ رسول ﷺ کی تدریس کا شرف حاصل ہے ۔ بڑے بڑے علماء، رؤسا اور شہزادے تک جن کی عقیدت کے اسیر ہیں ۔ مدینہ منورہ سے اس زمانہ کی تمام تر سفری صعوبتوں اور مصیبتوں کو سہتے ہوئے ہندوستان پہونچتے ہیں ۔ دیوبند سے گنگوہ تک رات کی تاریکی میں پیدل چل کر دیوانہ وار شیخ گنگوہی کی خدمت میں حاضری دیتے ہیں ۔ ارشاد ہوتا ہے اور معلوم کیا جاتا ہے کہ حاضری کا مقصد کیا ہے؟ جواب میں بصد احترام اپنا مدعا جو عرض کیا جاتا ہے تو وہ یہ ہیکہ ''میں کوئی دنیاوی مقصد یا نفسانی غرض سے نہیں آیا ہوں، میرا مقصد ذاتِ حق سبحانہ، کے سوا اور کچھ نہیں ہے''۔

غور کرنے کی ضرورت ہے کہ علم و عمل کے اس پیکرِ مجسم کو مسجدِ نبوی کے مبارک ماحول میں حدیثِ رسول کی خدمت اور حرمین شریفین کی مقدس فضاؤں میں دینِ اسلام کی دعوت جیسی نعمتوں کے نصیب ہونے کے باوجود آخر وہ کیا چیز تھی جس کی کمی ''ذاتِ حق سبحانہ وتعالیٰ'' تک پہونچنے کے راستے میں رکاوٹ تھی، اور جس کی وجہ سے انہوں نے اس زمانہ کے سفر کی صعوبتوں مشقتوں کو گوارہ کرتے ہوئے اور حرمین شریفین کے قیام کی سعادتوں تک کو چھوڑتے ہوئے ہندوستان پہنچے تھے، دھیان دیا جائے کہ یہ کسی ان پڑھ جاہل کا غلوفی العقیدت نہیں ہے ۔ ایک بڑے متبحر عالمِ دین کا سوچا سمجھا فیصلہ ہے ۔ ایسے عالم کا جس کی زندگی کا ہر لمحہ جہد و عمل سے تعبیر تھا اور جسے لغولایعنی سے گویا طبعی نفرت تھی ۔ اگر ہم اس اقدام کی وجہ انہی سے پوچھ سکتے تو وہ شاید بہادر شاہ ظفر کی زبان میں ہم کو یہ جواب دیتے ؎

نہ ہم نے کچھ ہنس کے پایا ہے، نہ کچھ رو کے پایا ہے

جو کچھ ہم نے پایا ہے، کسی کا ہو کے پایا ہے

﷽ انہیں دیکھئے یہ علامہ بلیاوی ہیں ۔دارالعلوم کے شیخ المعقولات ، ناظم تعلیمات ،صحیح مسلم کے استاذ اور علومِ عقلیہ ونقلیہ کے گنجینہ بے مثال ،اس سب کے باوجود دھیان جب تربیت وتزکیہ کی طرف جاتا ہے تو بے چین ہو اٹھتے ہیں ، چہار طرف نظر دوڑاتے ہیں ، پتہ چلتا ہے کہ اکابر تو سب ایک ایک کرکے رخصت ہو گئے، بزرگوں کی تربیت گاہیں سونی ہو رہی ہیں یا خود کو ان سے مناسبت معلوم نہیں ہوتی ۔پھر چھوٹوں پر نظر ڈالی جاتی ہے تو نظر اپنے ہی ایک تلمیذِ رشید مصلح الامت حضرت شاہ وصی اللہؒ پر جا کے رکتی ہے ۔ضمیر ان کے مراتب سے مطمئن ،طبیعت ان کی فکر و فن سے مانوس دکھائی دیتی ہے ۔ فوراً ایک درخواست پوری عاجزی و نیازمندی کے اسلوب میں لکھ کر روانہ فرمائی جاتی ہے کہ اس آخری وقت میں میری دستگیری فرمائی جائے (للہ للہ)! ایک ذی مرتبت و عالی مقام استاذ اپنے شاگرد کے سامنے کس طرح زانوئے سلوک طے کر رہا ہے ۔ دیکھئے پہلے خط میں کیا لکھ رہے ہیں :

‫’’چونکہ کوئی بیس پچیس سال سے گوناں گوں امور میں مبتلا ہونے کی وجہ سے امر آخرت مبہم ہو گیا ہے ۔اس لئے بعض اوقات قلب کی حالت دگرگوں ہو جاتی ہے ۔ ضرورت ہے کہ آنجناب اس طرف پوری قوت سے متوجہ ہوں ۔ورنہ آپ کا یہ کبیر السن بے مایہ استاذ تباہ ہو جائے گا‘‘

سبحان اللہ! کوئی ٹھکانہ ہے اس فکرِ آخرت اور اس کے لئے اپنے آپ کو کسی شیخ کامل ،متبع سنت ،مصلح و مربی کی خدمت میں سراپا اطاعت بن کر خود سپرد ہو جانے کا؟

سوال یہ ہے کہ اتنے بڑے عالمِ دین ،محقق و مدرس حدیث کو اس عمر میں پہنچ کر آخرہ کونسی کمی کا احساس تھا جو کھائے جا رہا تھا۔اور جس کے لئے اپنے کسی بڑے اور بزرگ کا بھی نہیں ، چھوٹے بلکہ شاگرد کا اسیر عقیدت و اطاعت ہونے پر انہیں مجبور کر رہا تھا؟ انہی سے سنئے فرما رہے ہیں کہ (باوجود دینی مشغولی اور عملی پابندی کے بھی) ’’فکرِ آخرت مبہم‘‘ اور ’’قلب کی حالت دگرگوں‘‘ ہو رہی تھی ۔اس اہم صفت کی کمی اور محرومی کے احساس نے انہیں بارگاہِ مصلح الامت میں پہنچایا اور پھر جب ان کی رہنمائی میں صفائے قلب کے مراحل اور فکرِ آخرت کی منازل طے ہونے لگیں تو دل کو قرار و اطمینان حاصل ہوا۔

سوچئے اور بار بار سوچئے کہ اتنے بڑے فقیہ واستاذ حدیث کو بھی دل کی حالت خود بخود درست کر لینا نہیں آتا تھا؟ جاہل تو خیر جاہل ہی ٹھہرے ،علماء کو بھی کیا راہِ حق کو سلوک میں راہنما کی ضرورت پڑتی ہے؟ جواب انہی کے طرزِ عمل میں تلاش کیجئے ،اور نہ سمجھ آئے تو عارف باللہ حضرت پر تابؒ گڑھیؒ سے معلوم

کیجئے وہ جواب دیں گے۔

تنہا نہ چل سکوگے محبت کی راہ میں
میں چل رہا ہوں، آپ میرے ساتھ آئیے

◉ ان سب کے استاد، استاذ الاساتذہ، شیخ المشائخ، دارالعلوم دیوبند کے صدر المدرس، مسند حدیث کے وقار، ہندوستانی مسلمانوں کے لئے باعثِ صد افتخار، پورے عالمِ اسلام کے ہمدرد و غمگسار، جامعہ ملیہ اسلامیہ کے محرک و بانی، زندگی کے ایک ایک لمحہ کو بروئے کار لانے والی شخصیت، شیخ الہند حضرت محمود الحسن صاحبؒ بھی ملاحظہ کیجئے۔ کیسا مبارک ماحول اور کیسی عظیم و مقدس مشغولیتیں تھیں ان کی! مگر نہ ان مشاغل پر قناعت ہے اور نہ ہی ان اعمال ظاہری پر اطمینان! ہفتہ بھر خدمتِ علم میں مشغول رہنے کے بعد اِدھر جمعہ کی چھٹی ہوئی اور اُدھر شب ہی کو اپنے پیر و مرشد کی خدمت میں تلاشِ حق کی بے چینی لئے اور سراپا ادب و مجسمۂ احترام بنے حاضر ہو جاتے تھے۔ کیا ملتا ہے حضور! آپ کو گنگوہ میں؟ دارالعلوم کے علمی، عملی، تحقیقی اور تدریسی و تصنیفی ماحول میں آخر کس چیز کی کمی ہے؟ پوچھنے والے جب پوچھتے تو جواب میں اپنے فقیہ محقق، عارف مدقق شیخ کامل کی صحبت مبارکہ میں چوبیس گھنٹے تک معرفت و محبتِ خداوندی کی شراب سے سرشار و مخمور ہو کر آنے والے اس عالم ربانی کی زبان مبارک پر ہوتا۔

لطف مئے تجھ سے کیا کہوں زاہد   ہائے کمبخت! تو نے پی ہی نہیں

یعنی تعلق مع اللہ، نسبت مع اللہ اور دل کا لذتِ آشنائے ذکر ہونا وغیرہ وہ امور کیفیہ ہیں جنہیں محسوس تو کیا جا سکتا ہے، ان سے لذت تو حاصل کی جا سکتی ہے لیکن انہیں کیسے کیا جا سکتا ہے۔ مٹھائیوں کے نام تو بتائے جا سکتے ہیں مگر مزہ نہیں بتایا جا سکتا۔ یہ نعمت تو عملاً شریک ہونے اور مرشد کامل کی نگرانی میں راہِ حق کی ٹھوکریں کھانے کے بعد ہی حاصل ہو سکتی ہے۔

اور یہ تو ہمارے اسلاف کرام کی باتیں ہیں، خود ہمارے زمانہ میں ایسے اہل اللہ ہوئے ہیں بلکہ موجود بھی ہیں جنہوں نے باوجود تمام ظاہری کمالات میسر ہونے کے بھی اپنے آپ کو مستقل بالذات اور فارغ الاصلاح نہیں سمجھا، بلکہ ہمیشہ اہل اللہ کی سرپرستی نگرانی و رہنمائی کے محتاج بنے رہے۔ عارف باللہ حضرت قاری صدیق احمد صاحب مدظلہ العالی، استاذ الاساتذہ حضرت قاری امیر حسن صاحب دامت برکاتہم، محی السنہ حضرت مولانا شاہ ابرار الحق صاحب مدظلہم وغیرہ جیسی ہستیاں آج بھی نمونہ اسلاف اور یادگارِ اکابر بنی ہوئی ہمارے سامنے موجود ہیں۔

۞ ان میں سے میں آپ کو حضرت ہردوئی دامت برکاتہم کی خدمت میں لے چلتا ہوں۔ آیئے ان کی زندگی پر نظر ڈالیں حضرت اس وقت بزم اشرف کے واحد چراغ ہیں۔ الحمد للہ سالکین راہِ طریقت کے مرکز نگاہ،اور بڑے بڑے علماء ومشائخ کے مرجع ومحبوب ہیں۔ ایک عالم ان کی رہنمائی وتربیت سے مستفید ہورہا ہے۔ آپ بچپن ہی سے نہایت ذہین وفطین تھے۔ صرف سات سال کی عمر میں حفظ قرآن کریم مکمل فرمالیا تھا۔ ۱۹ سال کی عمر میں درسیات ہی سے نہیں تخصصات سے بھی فراغت حاصل کرلی تھی۔ اور امتیازی درجات سے کامیاب ہوئے تھے۔ علمی صلاحیت میں پختگی اور عملی واخلاقی طور پر صالحیت میں عمدگی سے متأثر ہوکر خود ان کے اساتذہ نے مدرسہ مظاہر العلوم میں معین مدرس رکھ لیا تھا۔ خاندانی اعتبار سے نہایت ہی متمول و مالدار ہونے کے ساتھ حسن و جمال بھی اعلیٰ درجہ کا مقدر سے میسر تھا۔ اس سب کے باوجود کھڑی جوانی میں ہی وہ اپنے والد بزرگوار کی صحیح تربیت کی برکت سے مجاہد ومرتاض تہجد گذار وشب زندہ دار اور حکیم الامت حضرت تھانوی ؒ کے عاشق زار تھے۔ ہر جمعہ کی تعطیل تھانہ بھون ہی میں گذارتے تھے۔ عید بقرعید کی تعطیلات کا بھی اکثر حصہ انہیں کی خدمت میں حاضر رہتے تھے اسی مسلسل فکرو کاوش کا نتیجہ یہ تھا کہ ۲۲ سال کی عمر میں جب آدمی اکثر تپ ٹاپ اور تقاضہائے شباب کی تکمیل میں مشغول رہتا ہے تو فیق الٰہی سے تصوف وسلوک کے تربیتی مراحل سے گذر کر اپنے شیخ حکیم الامت ؒ جیسے باریک بین ونکتہ رس مربی کی نظر میں اصلاح وتربیت، بیعت و تلقین کی اجازت کے لائق ہو چکے تھے اور خلافت کے اہل قرار پا گئے تھے۔ لیکن انہوں نے بزرگوں کا جو بھی ماحول دیکھا تھا اور خانقاہ تھانہ بھون کی وابستگی میں جو فکری تربیت پائی تھی اس کی روشنی میں اپنے کو "مستقل بالذات" اور کاملین کی صحبت وسرپرستی کی ضرورت سے مستغنی ٰ نہیں سمجھا۔ چنانچہ جب حضرت حکیم الامت کا وصال ہو گیا تو حضرت خواجہ صاحب ؒ سے وابستہ ہو گئے ان کا بھی انتقال ہو گیا تو حضرت مصلح الامۃ کو سرپرست بنالیا، وہ بھی دنیا میں نہ رہے تو حضرت پھولپوری ؒ سے سلسلہٴ تعلق جوڑ لیا۔ وہ بھی وفات پا گئے تو سلسلہٴ نقشبندیہ کے ایک متبع سنت وصاحب علم بزرگ حضرت مولانا محمد احمد صاحب پرتابگڑھی دامت برکاتہم کی خدمت میں وقتاً فوقتاً حاضری دینے اور ان سے جڑے رہنے کا اہتمام آج بھی فرما رہے ہیں ﹦۔

دھیان دینے اور توجہ کرنے کی ضرورت ہے کہ عالم دین، حافظ قرآن، شیخ طریقت بلکہ شیخ المشائخ، بلا مبالغہ ہزاروں علماء اور لاکھوں مسلمانوں کے محبوب ومخدوم روحانی رہنما ہونے کے باوجود اور خلقِ خدا کی

____

﹦   افسوس کہ اس مضمون کی اشاعت کے وقت دونوں ہی بزرگوں کے وجود مسعود سے دنیا محروم ہو چکی ہے۔ اللھم لا تحرمنا اجرھم و لا تفتنا بعدھم۔ آمین

زبان سے ''عارف باللہ''،''محی السنہ'' جیسے القاب و آداب سے یاد کئے جانے کے باوصف ،سینکڑوں مدارس دینیہ کے ناظم اور بیسیوں دینی جماعتوں کے سرپرست وسربراہ ہونے کے بعد بھی کیوں انہیں اپنے آپ پر اعتماد کی جرأت نہیں ہوتی اور کیوں کسی نہ کسی بڑے سے وابستہ اور زیر سایہ رہنے کو لازمی وضروری سمجھتے ہیں؟ اس کے علاوہ کیا کہا جا سکتا ہے کہ جوان ہی کے شیخ حکیم الامتؒ نے زندگی بھر کے تجربہ کے بعد فرمایا تھا:

''وصول الی اللہ اور نسبت مع اللہ کا حصول (پھر اس کا بقاء بھی) صحبت کاملین کے بغیر عادۃً ممکن نہیں ہے''۔

❈ ان ہی کے ایک خلیفۂ اجل عارف باللہ حضرت حکیم اختر صاحب دامت برکاتہم کا حال دیکھئے کہ پاکستان ، بنگلہ دیش اور ہندوستان کے بشمول اس وقت دنیا کے تقریباً۳۲ سے زائد ملکوں میں مریدین و متوسلین کا سلسلہ پھیلا ہوا ہے ۔عرب ممالک تک میں اہل سلسلہ موجود ہیں گویا کہ اس وقت کے شیخ العرب و العجم بنے ہوئے ہیں ۔مقبولیت ومحبوبیت کا یہ عالم ہے کہ کسی شہنشاہ کو کیا نصیب ہو ۔حکیم جسمانی بھی ،طبیب روحانی بھی ،مثنوی مولانا رومؒ کے شارح بھی ہیں ،شیخ پھولپوری کے معارف وعلوم کے وارث بھی ۔۔۔۔ کتنے نوجوان ہیں جو بے دینی وگمراہی کی وادیوں میں بھٹکتے پھر رہے تھے ان کی رہنمائی میں راہ ہدایت کے شہسوار بن گئے اور کتنے ہی علماء و مدرسین جو ملائے خشک وناہموار تھے ،ان کی فیض صحبت سے خدارسیدہ وبرگزیدہ ہو گئے ۔بایں ہمہ مراتب کمالات یہ سنی سنائی بات نہیں آنکھوں سے دیکھا حال ہے کہ جب ہر دوئی تشریف لائے اوران کے شیخ حضرت محی السنہ مدظلھم نے ان سے نماز مغرب پڑھوانے کے بعد فرمایا''تجوید کی پختگی میں ایک آنچ کی کسر ہے''،تو یہ منظر میں بھول نہیں سکتا کہ بعد فجر تقریباً ایک گھنٹہ تک ہندوستان کے نامی گرامی بزرگوں اور بڑے بڑے علماء کی موجودگی میں علوم ومعارف کی بارش برسانے کے بعد حضرت حکیم صاحب مدظلہ''نورانی قاعدہ'' ہاتھ میں لئے درجۂ قاعدہ کے طلبہ کے ساتھ ترانہ میں موجود نظر آتے تھے ۔اور یہ نقشہ بھی آنکھوں میں گھوم رہا ہے کہ ایک رات مہمان خانہ میں ان کے اعزاز میں ایک نورانی مجلس جمی تھی جس میں مخدوم الا کابر حضرت مولانا احمد صاحب پرتاب گڑھیؒ میر مجلس تھے ،ایک طرف حضرت محی السنہ مدظلہ کی نشست تھی ایک جانب حضرت حکیم صاحب مدظلہ کی ۔سامنے حضرت حکیم صاحب سے ملاقات کے لئے تشریف لانے والے مختلف علاقوں کے علماء کرام اور دیگر حاضرین وسامعین ۔سخت سرما کا موسم تھا اس لئے درمیان میں ایک انگیٹھی بھی دہکا کر رکھی ہوئی تھی ۔کبھی حضرت ہر دوئی ارشاد فرما رہے ہیں اور کبھی حضرت حکیم صاحب بیان فرما رہے ہیں ۔درمیان میں کسی مناسبت سے حضرت پرتاب گڑھی اپنے اشعار

سنار ہے ہیں ۔کبھی کامل چائیس پوری سے فرمائش ہورہی ہے کہ وہ کوئی نظم سنائیں عجیب حسین منظر تھا وہ ، خیر! عرض یہ کر رہا ہوں کہ شب جس کے اعزاز واکرام میں یہ محفل سجائی گئی تھی صبح وہی حکیم صاحب مدظلہ ایک عریضہ پیش کرنے کے لئے حضرت ہر دوئی کی نشست گاہ میں تشریف لائے جیسے ہی اندر داخل ہوئے اپنی آنکھوں نے یہ نقشہ خود دیکھا اور سینہ نے محفوظ کیا ہے کہ عالی مرتبت شیخ اپنے اس مرید باصفا پر خفا ہورہے ہیں اور فرما رہے ہیں:

''آپ کو اندر آنے کے آداب نہیں معلوم؟ آپ نے اجازت لی؟ باہر تختی آویزاں ہے اس کو پڑھ لیتے! کچھ نہیں بس ہر آدمی اپنے آپ کو مستثنٰی اور مقرب سمجھ لیتا ہے اب جائیے بعد میں پھر طریقہ سے آ کر دیجئے''۔   اللہ اکبر!

خون دل پینے کو لخت جگر کھانے کو

یہ غذا ملتی ہے جاناں، تیرے دیوانے کو

حضرت حکیم صاحب واپس آگئے کچھ دیر کے بعد دروازہ کے باہر کھڑے ہو کر دبی زبان میں سراپا ادب ہو کر عرض کیا''اختر حاضر ہو سکتا ہے؟'' اجازت ملی اور خط دیکر چلے گئے اس درو گیر پر نہ ماتھے پر شکن آئی اور نہ ہی طبیعت پر گرانی کے اثرات ہوئے۔ بلکہ دن میں کسی وقت دیکھا کہ مولانا بشارت علی صاحب اور چند خواص کے ساتھ دفتر میں بیٹھ کر عظمت ومحبت کے ملے جلے جذبات میں خود ہی اس واقعہ کو مزے لے لے کر سنار ہے تھے اور بزبانِ حال فرر ہے تھے۔

نہیں کوئی خواہش ترے در پہ لایا میں ہوں

مٹا دیجئے، مٹا دیجئے میں مٹنے ہی کو آیا ہوں

ادھر عصر کے بعد کی مجلس میں حضرت محی السنہ مدظلہ نے اصلاحِ نفس اور تربیتِ اخلاق کی جانب تو جہ دلاتے ہوئے حضرت حکیم صاحب ہی کی مثال دی اور فرمایا دیکھتے نہیں ہو حکیم صاحب خود بڑے عالم ہیں اور شیخ بھی ہیں ان سے ملاقات کیلئے حضرت مولانا علی میاں اور حضرت مفتی محمود حسن صاحب جیسے اکابر تشریف لا رہے ہیں ۔اور کس طرح وہ قرآن مجید کی تصحیح کے لئے اور اللہ کے کلام کو سنت کے مطابق پڑھنے سیکھنے کے لئے درجہ قاعدہ کے طلبہ میں بیٹھ کر مشق کر رہے ہیں فکر پیدا ہوتی ہے تو سب کچھ آسان ہوجاتا ہے۔ اس کے بعد حضرت نے درد بھری آواز میں باچشم نم حضرت حکیم صاحب کی شان میں یہ شعر پڑھا تھا۔

عشق آمد لا ابالی فاتقوا   ایں چنیں شیخِ گدائے کو بکو

اس کے بعد بھی مجھے باوثوق ذرائع سے معلوم ہوا کہ ایک دفعہ کسی بات پر حضرت ہر دو نے حضرت حکیم صاحب سے فرمایا کہ آپ اپنے علاج کے لئے تدریس، تالیف، تبلیغ سب بند کر دیں اور اپنی فکر میں لگ جائیں، تو سراپا اطاعت ہو کر کمال تفویض و تسلیم کا مظاہرہ فرمایا۔ پھر جب حضرت حج کے لئے براہ راست کراچی تشریف لے جا رہے تھے تو کراچی ایر پورٹ پر ان سے ملاقات ہوئی۔ اپنے سینے سے لگا کر تمام خدمتیں بحال فرما دیں اور حکیم صاحب نے بطور تشکر اپنے یہ اشعار شیخ کی خدمت میں پیش فرمائے ؎

مری رسوائیوں پر آسماں رو یا ز میں روئی   میری ذلتوں کا لیکن آپ نے نقشہ بدل ڈالا

بہت مشکل تھا مارے امارہ کا چت ہونا   تری تدبیر الہامی نے اس کا سر کچل ڈالا

سبحان اللہ! کیا حالات و مقامات ہیں یہ!

دوستو! ہمیں اس کی ہوا بھی نہیں لگی، یہ کوئی دل لگی نہیں ہے، کھیل تماشا نہیں ہے، ڈرامے نہیں ہیں، واقعہ یہ ہے کہ ان مواقع پر ''نفس کشی'' کے ان کٹھن مرحلوں سے گذرنے سے زیادہ آسان جان دینا نظر آتا ہے۔ مگر ان حضرات کا یقین کامل بن گیا تھا۔ ؎

کمال عشق تو مر مر کے جینا ہے، نہ مر جانا

غرض یہ ہے کہ اس وقت جب کہ تعلیم کا رسمی سلسلہ اختتام پذیر ہو رہا ہے اور آپ محدث عظیم حضرت مولانا حبیب الرحمٰن اعظمی مدظلہ کے ہاتھوں دارالعلوم کے ''السابقون الاولون'' بنتے ہوئے دستار فضیلت حاصل کرنے جا رہے ہیں۔ اس بات کا تہیہ و ارادہ بھی کر لیجئے کہ اپنی مناسبت کا خیال رکھتے ہوئے مشائخ کرام میں سے کسی نہ کسی سے اپنا رشتۂ ارادت و اطاعت جوڑ لیں گے اور اس وقت تک چین نہیں لیں گے جب تک کہ تکمیل سلوک یعنی حصول اللہ کی نعمت عظمیٰ حاصل نہ ہو جائے گی۔

نہ جانے کیا سے کیا ہو جائے میں کچھ نہیں کہہ سکتا

جو دستار فضیلت گم ہو دستار محبت میں

آخر میں دراز گوئی و طویل کلامی نیز جرأت و بے باکی کی سب ساتھیوں سے معذرت خواہی کو ضروری سمجھتا ہوں کہ بے تکلفی و تعلق باہمی میں یہ سب کچھ کہہ گذرا۔ نہ میں اس کا اہل ہوں نہ ہی ان خوبیوں کا حامل ہوں۔ عرض کی گئیں سب باتوں کو عمل میں لانے کا آپ سب سے زیادہ میں ہی محتاج ہوں۔ اللہ تعالیٰ ہم سب کو توفیق عمل نصیب فرمائیں۔ آمین۔   و آخر دعوانا ان الحمد للہ رب العالمین

★ ★ ★

مولانا محمد مجاہد ندوی ﷾

مسلمانوں کا نظام تعلیم

کسی بھی قوم کا نظام تعلیم وتربیت اور نصاب تعلیم اس لحاظ سے انتہائی اہمیت کا حامل ہوتا ہے کہ اگلی نسلوں تک قومی ورثہ کی منتقلی اور نئی نسل کی اس اعتبار سے ذہنی تشکیل وتربیت کہ وہ قوم کے مفاد میں کام کریں نصاب تعلیم کے ذریعے ہی ممکن ہے۔ نصاب تعلیم قوم کے عقائد وتصورات اور افکار ونظریات کے فروغ اور اس کے تحفظ کا اہم ذریعہ ہے۔ پھر جب معاملہ ایسی قوم کا ہو جس کے اعتقادات، افکار ونظریات اپنے بنائے ہوئے نہ ہوں بلکہ وحی الٰہی پر استوار ہوں اور جس کا فکری ڈھانچہ علم نبوت اور علم ازلی پر تیار ہوا ہو، ایسی قوم اس بات کی زیادہ ذمہ دار ہے کہ وہ ایسا مؤثر نظام تعلیم وتربیت اور ایسا جامع نصاب تعلیم تیار کریں جو قوم کی آئندہ نسلوں کے ایمان وعقیدے کے تحفظ، ان کے خیالات ورجحانات کو قوم کے خیالات ورجحانات سے ہم آہنگ کرنے اور ان میں قوم کی سربلندی کے لئے اپنی زندگیاں صرف کرنے کے جذبہ کو پروان چڑھانے میں معاون ہو۔

ہمارا تعلیمی نظام ونصاب کیسا ہونا چاہئے، اس کے لئے ہمیں یہ جاننا ضروری ہے کہ رسول اللہ ﷺ کے عہد میں مسلمانوں کے نظام تعلیم وتربیت کا کیا طریقہ کار تھا، اس لئے کہ وہی ہمارے لئے اسوۂ حسنہ اور قابل تقلید نمونہ ہے۔ امام دارالہجرہ مالک بن انس رحمۃ اللہ علیہ کا مشہور قول ہے، ارشاد فرماتے ہیں کہ اس امت کے آخری لوگوں کی اصلاح اسی طریقہ اور راستہ سے ممکن ہے جن سے اس امت کے اوّل لوگوں کی اصلاح ہوئی۔ معلوم ہوا کہ ہم اپنے مقصد میں اسی وقت کامیاب ہو سکتے ہیں جب ہم اپنے تمام امور میں طریقہ رسول ﷺ اور جمہور امت کی پیروی کریں گے۔

لہذا ہمیں اپنے نظام تعلیم اور نصاب تعلیم کو با مقصد، کامیاب اور مؤثر بنانے کے لئے عہد رسالت ﷺ اور مسلمانوں کے دور عروج کے نصاب ونظام تعلیم کا جائزہ لینا نہایت ضروری ہے تا کہ تعلیم کے سلسلے میں رسول اللہ ﷺ نے جو بنیادیں فراہم کی ہے ان خطوط پر ہم اپنے تعلیمی نظام کو استوار کر سکیں۔ ذیل میں ہم مندرجہ ذیل عناوین کے تحت مسلمانوں کے نظام ونصاب تعلیم کا جائزہ لیں گے۔

ا۔ عہد نبوی ﷺ میں تعلیم کا نظام و نصاب

۲۔ عہد وسطی میں مسلمانوں کا نظام تعلیم و تربیت

۳۔ ہندوستان میں مسلمانوں کا نظام تعلیم و تربیت

۴۔ موجودہ نظام تعلیم : ذمہ داری اور تقاضے

مندرجہ بالا عناوین کے تحت رسول اللہ ﷺ کے عہد مبارک اور دورِ عروج میں مسلمانوں کے نظام تعلیم و تربیت اور نصاب تعلیم کا جائزہ ہمارے لئے دو وجوہات کی بنا پر نہایت مفید اور ناگزیر ہے۔

ا۔ عہد رسالت ﷺ کے نظام تعلیم تربیت اور نصاب تعلیم کا تو اس لئے کہ آپ علیہ السلام نے تعلیم کے سلسلے میں ایسی بنیادیں فراہم کی تھیں جس کی بنا پر آگے چل کر مسلمانوں نے علمی ترقیاں کیں، مختلف علوم و فنون کو پروان چڑھایا اور ان کی سرپرستی کی، تہذیب و تمدن کی داغ بیل ڈالیں، اور جس کے باعث وہ ساری دنیا کے معلم قرار پائے، اس کی اساس ظاہر ہے رسول اللہ ﷺ کی تیار کردہ بنیادی ہی پر تھی۔

۲۔ مسلمانوں کے دورِ عروج کے نظام تعلیم تربیت اور نصاب تعلیم کا جائزہ لینا اس لئے ضروری ہے، تاکہ ہم جان سکیں کہ رسول اللہ ﷺ کے بعد حضرات صحابہ، تابعین، تبع تابعین اور مسلمانوں کے ماہرین تعلیم نے دین اسلام کے اصل مزاج و منشاء اور شریعت اسلامی کی اصل روح و مقصد کو برقرار رکھتے ہوئے زمانے کی تبدیلیوں کے ساتھ ہم آہنگ ہونے میں کونسا انداز اختیار کیا، نیز ہر دور میں ایسا جامع نظام و نصاب تعلیم (جو مسلمانوں کی دینی و دنیوی ضروریات کی تکمیل کرے اور ان کو غیر مسلموں کا محتاج نہ بننے دے) ترتیب دینے کے لئے کیا طریقہ کار اپنایا، اور اس سلسلہ میں توازن و اعتدال کے لئے کن بنیادی چیزوں کا لحاظ رکھا۔

اس سے قبل کہ ہم مسلمانوں کے نظام تعلیم و تربیت اور نصاب تعلیم سے متعلق گفتگو کریں، دو باتوں کا جان لینا مناسب معلوم ہوتا ہے ایک یہ کہ اسلامی اعتبار سے تعلیم کا مقصد کیا ہے اور اس کی طلب میں کیا نیت کار فرما ہونی چاہئے۔ دوسرے یہ کہ رسول اللہ ﷺ کے عہد میں اور مسلمانوں کے دورِ عروج میں تعلیم کا ایک ہی نظام رائج تھا یا موجودہ دور کی طرح اس میں بھی ثنویت پائی جاتی تھی۔

تعلیم کا مقصد

تعلیم کا مقصد کیا ہے، بچوں کو تعلیم کیوں دی جائے اور اسلامی نقطہ نظر سے علم کی طلب میں کیا نیتیں کار فرما ہوں۔ اس سلسلہ میں حضرت مولانا ابو الحسن علی ندوی نے ایک مشہور برطانوی ماہرِ تعلیم (Thomas

Percy Nunn کا قول نقل کیا ہے اور فرمایا کہ میں نے تعلیم کی تعریف کے سلسلہ میں جو کوششیں دیکھی ہیں، اور جو عبارتیں میری نظر سے گزری ہیں میرے نزدیک یہ سب سے زیادہ جامع اور عملی تعریف ہے۔(۱) وہ مشہور برطانوی ماہرِ تعلیم لکھتے ہیں:

تعلیم کا بنیادی خیال جو پورے نظامِ تعلیم پر حاوی ہونا چاہئے یہ ہے کہ تعلیم اس کوشش کا نام ہے جو بچوں کے والدین اور سرپرست اس نظریۂ حیات پر (جس پر وہ عقیدہ رکھتے ہیں) اپنی نئی نسل کو تیار کرنے کے لئے کرتے ہیں۔ تعلیمی ادارے کا فریضہ یہ ہے کہ وہ ان روحانی طاقتوں کو جو اس نظریۂ حیات سے وابستہ ہیں طالب علم پر اثر ڈالنے کا موقع دے اور وہ طالب علم کو ایسی تربیت دے جو اس قوم کی زندگی کے تسلسل و ترقی میں طالب علم کی دستگیری کرے اور اس کے ذریعہ وہ مستقبل کی طرف اپنا سفر جاری رکھ سکے۔(۲)

تعلیم کا یہی مقصد ہونا چاہئے کہ ہماری آئندہ نسلوں کا اعتماد اسلامی تعلیمات، عقائد و نظریات اور اقدار پر بحال ہو، یہ نظامِ تعلیم ان اقدار پر، ان حقائق پر اور ان معتقدات پر ایمان راسخ کرے جن پر دینِ اسلام کی عمارت قائم ہے۔ اور آنے والی نسلوں کی ان خطوط پر ذہنی تشکیل کا فریضہ انجام دے کہ وہ ملت کے لئے اپنی زندگیاں وقف کرنے میں فخر محسوس کریں، وہ اپنی بہترین صلاحیتیں اسلام کی سربلندی اور اس کے فروغ میں صرف کردیں، وہ ایک صالح انسان، شریف شہری اور اسلام کے سپاہی بنیں، یہ نظامِ تعلیم خلافتِ ارضی کا جو منصب اللہ نے امت کو تفویض فرمایا ہے اس کی بجا آوری کا احساس اور استعداد ان میں پیدا کرے، یہ ہیں تعلیم کے وہ اعلیٰ مقاصد جو مسلمانوں کے سارے نظامِ تعلیم میں کارفرما ہونا چاہئے۔

نظامِ تعلیم کی ثنویت اور اسلام

مسلمانوں میں دینی و دنیوی تعلیم کے الگ الگ ہونے کا کوئی تصور نہیں ہے، مسلمانوں کے دورِ عروج میں کبھی بھی دو نظامِ تعلیم نہیں رہے، اسلام میں دینی مدارس و غیر دینی مدارس کا کوئی تصور نہیں ہے۔ یہ مغربی استعمار کے باقیات و اثرات میں سے ہے۔ مسلمانوں کے دورِ عروج میں مسلمانوں کا نظامِ تعلیم ان کی دین و دنیا دونوں کی ضرورت پوری کرتا تھا، چنانچہ ایک ہی مدرسہ کے فارغین میں ماہر علماء بھی ہوتے تھے اور دوسرے تمام شعبوں کے ماہرین بھی۔ علماء کرام مسلمانوں کی مساجد میں امامت و خطابت اور دینی مسائل میں ان کی رہنمائی کا فریضہ انجام دیتے تھے، جبکہ زندگی کے دوسرے شعبوں کے ماہرین اپنے اپنے شعبوں میں اپنی خدمات انجام دیتے تھے۔ اس طرح سے ایک ہی تعلیمی نظام و نصاب کے ذریعے مسلمانوں کی دینی

و دنیوی ضروریات پوری ہوتی تھیں ۔ یہاں تک کہ انگریزوں کی آمد سے قبل ہندوستان میں بھی تعلیم کا یہی طریقہ رائج تھا۔ چنانچہ مغلیہ دور میں جس درس گاہ نے ،جس نظام تعلیم اور نصاب تعلیم نے مجد دالف ثانی جیسا شخص پیدا کیا ،جس کے بارے میں علامہ اقبال مرحوم نے فرمایا: مسلم ہندوستان نے سب سے بڑا جو مذہبی عبقری پیدا کیا ،وہ شیخ احمد سرہندی تھے ۔

’’اسی نظام میں نواب سعداللہ خان بھی تیار ہوا تھا جو مجد دصاحب کا کلاس فیلو تھا اور جو سلطنت مغلیہ کا وزیر اعظم بنا۔ وہ سلطنت مغلیہ جو موجودہ افغانستان، پاکستان، ہندوستان، نیپال، بنگلہ دیش،سری لنکا ، بھوٹان،سکم ، برما،ان سب ریاستوں پر مشتمل تھی ۔ اس کے نظام کو اس نے شاہ جہاں کے زمانے میں کامیابی سے چلایا تھا۔ پھر سید احمد معمار جس نے تاج محل بنایا، یہ بھی مجد دصاحب کا کلاس فیلو تھا۔ یہ تینوں ایک ہی استاذ کے شاگرد تھے اور ایک ہی درس گاہ کے پڑھے ہوئے تھے ۔ اب دیکھئے کہ ایک وہ شخص جس نے دنیا کی متمدن ترین سلطنت کو اس کے کامیاب ترین ادوار میں قیادت فراہم کی اور اس کا نظام چلا کر دکھایا، دوسرا وہ شخص جو ہندوستان کی تاریخ کا سب سے بڑا عبقری ہے ،جس کی عظمت کو بیان کرنا دشوار ہے اور جس نے برصغیر کی دینی تحریکات پر اتنا گہرا اثر ڈالا کہ بعد کی کوئی دینی تحریک اور کوئی دینی سرگرمی اس کے اثر اور شخصیت کے احترام سے خالی نہیں ہے ، اور تیسرا وہ شخص جس نے دنیا کے سات عجائب میں سے ایک عجوبہ بنایا، یہ تینوں افراد ایک ہی نصاب کے پڑھے ہوئے اور ایک ہی تعلیمی نظام کی پیداوار تھے ۔ یہی اسلام کا آئیڈیل اور یہی اسلام کا معیار ہے ۔(۳)‘‘

حضرت مولانا مناظر احسن گیلانی رحمۃ اللہ علیہ اپنی معرکۃ الآراء کتاب ’’ہندوستان میں مسلمانوں کا نظام تعلیم وتربیت‘‘ کے حصہ دوّم میں لکھتے ہیں :

’’اس وقت جن تجویزوں کو اپنے دماغ میں رکھتا ہوں اور تفصیلی ذکر جن کا اپنی کتاب ’’مسلمانوں کا نظام تعلیم وتربیت‘‘ (حصہ اوّل) میں، میں نے کیا ہے ان کا خلاصہ صرف یہ ہے کہ مسلمانوں میں تعلیم کے جو دو مستقل نظام (حکومت مسلط) کے قیام کے بعد جاری ہو گئے ہیں ان کی دوئی وثنویت کو مٹا کر ایک ہی نظام کو قبول کرلیا جائے۔ اسی لئے اپنی تعلیمی تجویز کا نام میں نے ’’نظریۂ وحدت تعلیم‘‘ رکھا ہے ۔(۴)‘‘

عہد نبوی صلی اللہ علیہ وسلم میں تعلیم کا نظام ونصاب

رسول اللہ صلی اللہ علیہ وسلم کو اللہ رب العزت نے ساری انسانیت کے لئے نبی اور نجات دہندہ بنا کر بھیجا تھا،

گویا ساری انسانیت کی راہِ حق کی طرف رہنمائی اور ان کی فلاح و بہبود کی ذمہ داری آپ صلی اللہ علیہ وسلم کے کاندھے پر ڈالی گئی، رسول اللہ صلی اللہ علیہ وسلم نے اخلاص وللہیت اور مسلسل جدوجہد کے ذریعہ اپنی ذمہ داریوں کو پورا کیا، آپ صلی اللہ علیہ وسلم نے زندگی کے ہر شعبہ کو تمام مضر اور خدا بیزار چیزوں سے پاک کیا اور انہیں مفید و کار آمد بنایا۔ اس طرح انسانی زندگی کے ہر شعبے میں خوشگوار تبدیلیاں واقع ہوئیں۔ لوگ عین فطرت کے مطابق اس سے متمتع ہونے لگے۔ ظاہر ہے کہ آپ نے جو کام بھی کیا اس میں اللہ رب العزت کی مشیاء اور رہنمائی بھی شامل تھی۔

اسی طرح تعلیم و تربیت کے شعبہ میں بھی آپ نے غیر معمولی توجہ فرمائی، اور امت کے لئے ایک جامع، مؤثر اور مفید نظام و نصاب تعلیم مرتب فرمایا جو خالق کی معرفت کا ذریعہ، انسان کی اخلاقی و دینی تربیت اور مالکِ حقیقی کی مشیاء کے مطابق دنیوی زندگی سے متمتع ہونے میں ممد و معاون، ساری انسانیت بالخصوص امت مسلمہ کی دینی و دنیوی ترقی کا ضامن اور ہر طرح کی فلاح و بہبود کا ذریعہ ہو۔

رسول اللہ صلی اللہ علیہ وسلم کے نزدیک تعلیم کی کیا اہمیت تھی اس کا اندازہ صرف اس بات سے لگایا جاسکتا ہے کہ غزوہ بدر کے قیدیوں کو آپ نے بطور فدیہ مسلمان بچوں کی تعلیم پر مامور کیا۔ (حالانکہ اس وقت مسلمانوں کو مال کی نہایت ضرورت تھی اور قیدیوں سے بھاری مال وصول کیا جاسکتا تھا)۔ اسی طرح رسول اللہ صلی اللہ علیہ وسلم نے لوگوں کو نہ صرف یہ کہ مذہبی تعلیم سے بہرہ یاب فرمایا بلکہ اس وقت کے ہر مروّجہ اور نفع بخش علوم کی حوصلہ افزائی کی، اور اسکے حصول کی صرف ترغیب ہی نہیں دی بلکہ اس سلسلہ میں جابجا اقدامات کئے اور اس کا بہترین نظم و نسق فرمایا۔

رسول اللہ صلی اللہ علیہ وسلم نے تعلیم کا کیسا نظام قائم کیا اور اس میں کیا نصاب تعلیم رائج تھا۔ یہاں ان تمام کا احاطہ مشکل ہے۔ سردست چند اہم مضامین کا تذکرہ کیا جاتا ہے۔

آپ نے مسجد کے ایک گوشہ کو ''صفہ'' علم و ادب کا مرکز قرار دیا۔ جسے موجودہ زبان میں ''رہائشی یونیورسٹی'' (دارالتعلیم والتربیہ) کہا جاسکتا ہے۔ (۵) اگرچہ اس پہلی ''اسلامی یونیورسٹی'' میں تعلیم ابتدائی نوعیت کی تھی، اس کے باوجود متعدد شعبوں پر مشتمل تھی۔ مثلا لکھائی پڑھائی کا شعبہ، تعلیم قرآنی کا شعبہ، جو لوگ لکھنا پڑھنا سیکھ لیتے، انہیں اس وقت تک کی نازل شدہ آیات قرآنی کی تعلیم دی جاتی، فقہی احکام و مسائل کا شعبہ ہر ایک شعبہ میں ماہر و تجربہ کار اساتذہ کام کرتے تھے۔ (۶) رسول اللہ صلی اللہ علیہ وسلم مختلف علوم سے واقف تھے اور چاہتے تھے کہ مسلمان ان علوم کو سیکھیں، چنانچہ آپ نے بہت سے علوم و فنون کا حکم دے رکھا تھا، جیسے زبانوں کی تعلیم، علم ہیئت، علم الفرائض، پیرا کی، نشانہ بازی، تیغ زنی، فن کتابت وغیرہ۔

عہد نبوی ﷺ میں خاص طور پر علم طب کی کافی اہمیت سمجھی جاتی تھی ، ایک حدیث میں ذکر ہے کہ ایک مرتبہ ایک صحابی بیمار ہوئے۔ رسول اللہ ﷺ ان کی عیادت کو جاتے ہیں اور پوچھتے ہیں کہ تمھارے محلے یا قبیلے میں کوئی طبیب ہے؟ جواب میں دو نام بتائے جاتے ہیں، رسول اللہ ﷺ فرماتے ہیں ان میں سے جو ماہر تر ہو اسے بلاؤ۔اس سے معلوم ہوتا ہے کہ آپ نے اس بات کا بھی خیال رکھا کہ علم میں تخصص (Specialization) پیدا کریں اور ماہروں سے علاج کرائیں ، نیز اس سے لوگوں کو ماہر بننے کی ترغیب بھی ملتی ہے۔دوسرا علم جس کی بڑی اہمیت سمجھی جاتی تھی اور جس کا ذکر قرآن مجید میں بھی تفصیل سے ہے، وہ علم ہیئت ہے۔اس کے فوائد خود قرآن میں بتائے گئے ہیں ۔اس علم کے ذریعے رات کے وقت مسافر اپنا راستہ معلوم کر سکتا ہے۔اس کے ذریعے سے اوقات کا اور حج کے زمانے کا تعین ہوگا۔ علم ہیئت کی طرف بڑی توجہ کی جاتی تھی اور خود رسول اللہ ﷺ کو اس سے بڑی واقفیت تھی۔(۷)اسی طرح آپ نے فرمایا۔انساب کا علم حاصل کرو، تا کہ تمھارے درمیان محبت بڑھے۔ (۸) اور فرمایا :   ''تعلموا الرمی والقرآن'' (۹) تیر اندازی سیکھو اور قرآن کی تعلیم حاصل کرو۔اسی طرح دیگر علوم کے ساتھ تحریر و کتابت اور املا بھی نصاب میں شامل تھا۔

اسلام چونکہ ایک عالمی دین ہے۔اس کے احکام و تعلیمات کو دنیا کے ہر خطہ میں قائم کرنا امت کی ذمہ داری ہے۔اس مقصد کے لئے مختلف علاقوں کے لوگوں سے ربط و تعلق ان کی ضروریات کو معلوم کرنے نیز دعوتی مقاصد کے پیش نظر زبان کی اہمیت کا انکار نہیں کیا جا سکتا،لہذا آپ نے دینی اغراض و مقاصد کے پیش نظر دوسری قوموں کی زبان سیکھنے کی ترغیب بھی دی۔ آپ نے یہودیوں سے خط و کتابت کے سلسلہ میں حضرت زید بن ثابت کو عبرانی زبان سیکھنے کا حکم فرمایا۔(۱۰)

درجہ تخصص اور یک فنی (کسی ایک فن میں مہارت) بھی عہد نبوی میں ترقی کر گیا تھا اور حضور اقدس ﷺ اس کی حوصلہ افزائی فرماتے تھے۔ چنانچہ آپ کا ارشاد ہے : جسے قرآنی علوم و معارف حاصل کرنے ہوں وہ چار حضرات کی خدمت میں حاضری دے۔ حضرت عبداللہ بن مسعود،حضرت ابی بن کعب، حضرت معاذ بن جبل اور حضرت سالم مولیٰ ابو حذیفہ رضی اللہ عنھم ۔(۱۱) اسی طرح ایک دوسرے موقع پر فرمایا : علم میراث کے ماہر زید بن ثابت ہیں، تجوید و قرأت کے ماہر ابی بن کعب اور حلال وحرام کے احکام کے ماہر معاذ بن جبل ہیں ۔(۱۲) سیدنا عبداللہ بن زبیر رضی اللہ عنہ بھی متعدد زبانوں کے ماہر تھے اور ان میں نہایت آسانی کے ساتھ گفتگو کر سکتے تھے ۔(۱۳)

رسول اللہ ﷺ نے تعلیم کا جو نظام قائم فرمایا تھا اس کی اساس قرآن مجید پر تھی اور اس نظام تعلیم کی علمی زبان عربی تھی ۔ رسول اللہ ﷺ نے اپنے تعلیمی نظام کی اساس قرآن کریم پر کیوں رکھی، اس کی بظاہر دو اہم وجوہات معلوم ہوتی ہیں ۔

۱ ۔ ایک وجہ یہ ہے کہ قرآن کریم چونکہ کتاب الٰہی ہے اور یہ کتاب محض انسانوں کے لئے نازل کی گئی ہے، یہی وجہ ہے کہ قرآن مجید کو تعلیم کی اساس بنایا گیا، تا کہ ہر انسان اس کو اپنی ذاتی کتاب سمجھے، اس کی تلاوت کا اہتمام کرے، اسے حرز جاں بنائے اور زندگی کے ہر شعبے میں اس سے رہنمائی حاصل کرے ۔ نیز اس کتاب کے ذریعہ انسان اپنے خالق کی صحیح معرفت حاصل کرے، اپنے دنیا میں آنے کے مقصد کو پہچانے، شرک و بت پرستی اور اخلاق رذیلہ کو ترک کرے، نفس کی تہذیب و تزکیہ اور اخلاق فاضلہ کے زیور سے اپنے ظاہر و باطن کو آراستہ کرے ۔

۲ ۔ دوسری وجہ یہ ہے کہ قرآن کریم میں صرف دین و عقائد، عبادات اور متعلقہ اخلاقی چیزوں کا ذکر نہیں ہے بلکہ اس میں یہ کثرت دیگر علوم بھی نظر آتے ہیں ۔ اس میں تاریخ کا بھی ذکر ہے ۔ اس میں ان علوم کا بھی ذکر ملتا ہے جنہیں ہم سائنس کا نام دیتے ہیں ۔ مثلاً علم نباتات، علم حیوانات، علم حجر، علم بحر، علم ہئیت یہاں تک کہ علم جنین کا بھی ذکر ملتا ہے ۔ قرآن شریف میں علم جنین کی اتنی مفصل تشریحات آئی ہیں کہ ان کا جدید ترین دور تک بھی اثر ہو رہا ہے ۔ یہی وجہ ہے کہ رسول اللہ ﷺ نے قرآن کریم پر اپنے نظام تعلیم کی بنیاد رکھی اور فیصلہ کیا گیا کہ قرآن کو پڑھو، کیوں کہ اس میں تقریباً تمام علوم کا ذکر کیا گیا ہے ۔ اسی طرح عربی زبان کو نظام تعلیم کی علمی زبان کے طور پر انتخاب کیا گیا کہ یہ قرآن کی زبان ہے جس پر تعلیم کی اساس ہے ۔ اور بھی دیگر وجوہات ہیں جس کی بنا پر اس کو علمی زبان قرار دیا گیا ۔

عہد وسطیٰ میں مسلمانوں کا نظام تعلیم و تربیت

رسول اللہ ﷺ نے علم و ثقافت کی جو بنیادیں فراہم کی تھیں، اور جو نظام تعلیم وضع فرمایا تھا ۔ بعد کے مسلمانوں نے اس کو اسی نہج پر آگے بڑھایا اور اس پر ایسی بے مثال عمارت کھڑی کی جس پر علمی دنیا کو بجا طور پر فخر ہے ۔

مسلمان علماء، دانشور اور ماہرین تعلیم نے جو نظام تعلیم قائم کیا اس کی اساس بھی انہوں نے قرآن مجید اور سنت رسول ﷺ پر ہی رکھی، ان کے نظام تعلیم میں علوم و فنون کی اساس قرآن مجید تھا، قرآن مجید وہ

جڑ فراہم کرتا تھا جس سے علوم وفنون کا گلشن پیدا ہوا، یہی وہ درخت تھا جس کے برگ و بار اور ثمرات مسلمانوں کے بقیہ علوم وفنون کی صورت میں سامنے آئے۔ آج سے کم وبیش ایک ہزار سال پہلے قاضی ابوبکر بن العربی نے، جو مشہور مفسر اور مالکی فقیہ ہیں، کہیں لکھا ہے کہ مسلمانوں کے جملہ علوم وفنون کی تعداد سات سو ہے۔ ان سات سو علوم وفنون کا تعلق بالواسطہ یا بلاواسطہ سنت سے ہیں اور یہ سب سنت کی شرح ہیں، اور سنت رسول صلی اللہ علیہ وسلم قرآن مجید کی تشریح و تفسیر ہے۔ اس لئے قرآن مجید کی حیثیت اس بنیاد اور جڑ کی ہے جس پر مسلمانوں کی ساری تعلیمی، فکری اور تہذیبی سرگرمی کا دارومدار ہے (۱۴) انہوں نے علوم وفنون کے سلسلہ میں قرآن کریم ہی سے رہنمائی اخذ کی اور اسی کو بنیاد بنا کر دیگر علوم سے اعتناء کیا، انہوں نے مختلف علوم کو پروان چڑھانے میں قرآن سے کس طرح مدد لی اس کو ایک مثال سے سمجھئے!

قرآن نے یہ بتایا کہ کائنات میں جو کچھ ہے وہ انسانوں کے فائدہ کے لئے پیدا کیا گیا ہے۔ {و سخرلکم مافی السماوات ومافی الارض جمیعا منہ، ان فی لآیات لقوم یتفکرون} (۱۵) (اور آسمانوں اور زمین میں جو کچھ ہے، اس سب کو اس نے اپنی طرف سے تمہارے کام میں لگا رکھا ہے۔ یقیناً اس میں ان لوگوں کے لئے بڑی بڑی نشانیاں ہیں جو غور وفکر سے کام لیں۔) زمین، آسمان، چاند، سورج، پانی، ہوا، جانور، اجرام فلکی، جمادات، نباتات، ستارے، سیارے، سمندر، اور زمین و آسمان کے درمیان جو کچھ بھی ہیں، یہ تمام چیزیں انسان کے فائدے کے لئے اور اس کی خدمت کے لئے پیدا کی گئیں ہیں۔ جب مسلمانوں کو یہ معلوم ہوا کہ یہ سب چیزیں انسانوں کے فائدے کے لئے پیدا کی گئی ہے اور ان کو ہر طرح استعمال کیا جا سکتا ہے، تو پھر انہوں نے ان تمام چیزوں پر تحقیق کا عمل شروع کیا، علم و تحقیق کی بنا ڈالیں، رصد گاہیں اور تجربہ گاہیں قائم کیں اور سائنس وٹیکنالوجی کے میدان میں نمایاں تحقیقات پیش کیں۔

مغربی ماہر تعلیم اور مؤرخین نے بھی علوم وفنون پر قرآن کے اس احسان کا ذکر کیا ہے۔ ایک یہودی مستشرق (Hartwig hirschfeld) لکھتے ہیں:

''ہم کو اس پر تعجب نہیں کرنا چاہئے کہ قرآن علوم کا سرچشمہ ہے، آسمان، زمین، انسانی زندگی، تجارت وحرفت جن کا اس میں ذکر کیا گیا ہے، ان پر متعدد کتابوں یا تفسیروں میں روشنی ڈالی گئی، اور ان پر بحث ومباحثہ کا دروازہ کھلا، اور مسلمانوں میں بالواسطہ مختلف علوم کی ترقی کا راستہ ہموار ہوا، روحانیت کے میدان میں اسلام کی کوشش مذہبیات تک محدود نہیں رہی، یونانی فلکیات اور طبی تحریروں سے واقفیت نے ان علوم کی طرف متوجہ کیا، حضرت محمد صلی اللہ علیہ وسلم کے ذریعہ دنیا کو جو وحی ملی، اس میں اجسام فلکیہ کے گردش کرنے کا

ذکران کی عبادت کے لئے نہیں، بلکہ اللہ کی نشانی اور انسان کی خدمت کے طور پر کیا گیا ہے، تمام مسلم اقوام نے فلکیات کا بڑی کامیابی کے ساتھ مطالعہ کیا، صدیوں تک وہی اس علم کے حامل رہے، اور آج بھی اکثر ستاروں کے عربی نام اور متعلقہ الفاظ مستعمل ہیں، یورپ میں عہدِ وسطیٰ کے ماہرین فلکیات عربوں کے شاگرد تھے، اسی طرح قرآن نے طبی علوم کی تحصیل کی ہمت افزائی کی، اور عمومی طور پر فطرت کے مطالعہ اور غور و فکر کی جانب توجہ مبذول کی ۔(۱۶)

ایک ایسے نظامِ تعلیم نے جس کی اساس قرآن مجید، سنت رسول اور ان دونوں سے پیدا ہونے والے علوم و فنون پر تھی، مسلمانوں کے خالص دینی تقاضے بھی پورے کئے اور خالص دنیوی تقاضے بھی ۔ ان میں بڑی بڑی ریاستیں بھی قائم ہوئیں، بڑے بڑے شہر اور ملک فتح ہوئے، نئی تہذیب و تمدن کی بنیاد پڑی ان سب کے نظم و نسق کے لئے ماہر افراد بھی اسی نظامِ تعلیم سے مہیا کئے گئے ۔

مسلمانوں نے جو نظامِ تعلیم قائم کیا تھا وہ کبھی بھی جمود و تعطل کا شکار نہیں ہوا، اس کی وجہ یہی تھی کہ انہوں نے دین کے اصل مزاج و مقصد کو باقی رکھتے ہوئے زمانہ کے تغیرات سے اپنے آپ کو ہم آہنگ رکھا، انہوں نے اپنے تعلیمی نصاب میں زمانہ کے مروجہ علوم کو جگہ دی، اور اسے اپنے زمانے کا سب سے زیادہ مؤثر اور زمانہ کے تقاضوں سے ہم آہنگ (Up to date) تعلیمی نظام و نصاب کے طور پر باقی رکھا، انہوں نے اپنے یہاں پڑھنے والے طلبہ میں قرآن و سنت اور تمام مروجہ علوم و فنون کی اعلیٰ تعلیم کے ساتھ، فن سپہ گری، تیغ زنی، تیر اندازی، تیراکی اور گھڑسواری میں مہارت پیدا کرنے پر خصوصی توجہ مبذول کی ۔ جس طرح انہوں نے نہجِ نبوت کی پیروی میں قرآن مجید کو نظامِ تعلیم کی اساس بنایا تھا اسی طرح عربی زبان کو اپنے نظامِ تعلیم کی علمی زبان کے طور پر باقی رکھا، یہی وجہ ہے کہ عہدِ وسطیٰ میں صدیوں تک عربی زبان ساری متمدن دنیا میں علم و ثقافت اور ترقی پسند فکر و خیال کے اظہار کا واحد ذریعہ رہی ہے ۔

مسلمانوں نے قرآن مجید اور سنتِ رسول صلی اللہ علیہ وسلم کی بنیاد پر جو نظامِ تعلیم قائم کیا تھا اس کے فارغین طلبہ اور اس نظام کے پروردہ حضرات نے کیا علمی و تحقیقی خدمات انجام دیں اور دنیا کو کیا کیا علوم و فنون عطاء کئے، ان کا احاطہ اس جیسے سیکڑوں مضامین میں بھی ناممکن ہے ۔

عہدِ وسطیٰ کے مسلمانوں کی مختلف علوم و فنون میں علمی و تحقیقی خدمات کی تفصیلی معلومات کے لئے ابن ندیم کی ''الفہرست'' حاجی خلیفہ چلپی کی ''کشف الظنون'' کارل بروکلمان کی ''تاریخ الادب العربی'' اور فواد سیزگین کی ''تاریخ التراث الاسلامی'' کا مطالعہ مفید ہوگا ۔

ہندوستان میں مسلمانوں کا نظام تعلیم وتربیت

ہندوستان میں عمومی طور پر جو نظام ونصاب تعلیم رائج تھا، اسے درس نظامی کہاں جاتا تھا، اور اُس وقت کے لحاظ سے وہ نہایت اپ ٹو ڈیٹ نصاب تھا، اس میں تفسیر، حدیث اور فقہ کے علاوہ منطق، فلسفہ اور دیگر علوم بھی شامل تھے۔ وہاں کے فارغین طلبہ میں اتنی استعداد پیدا ہو جاتی تھی کہ زندگی کے مختلف شعبہ میں اپنی خدمات انجام دے سکیں۔ چنانچہ مولانا قاسم نانوتوی، مولا نا یعقوب نانوتوی اور ان کے والد مولانا مملوک علی جو دہلی کالج میں عربی کے پروفیسر تھے، سب اسی نظام ونصاب کے پڑھے ہوئے تھے۔ ان کے علاوہ اور بھی بہت سے دوسرے لوگ تھے جو اس نصاب کے پڑھے ہوئے تھے اور انہوں نے زندگی کے مختلف شعبوں میں بہترین خدمات انجام دیں۔ مولانا مناظر احسن گیلانی رحمۃ اللہ علیہ نے لکھا ہے:

حکومت مسلطہ سے قبل مسلمانان ہند میں تعلیم کا جو نظام قائم تھا، عام طور پر ''درس نظامیہ'' کے نام سے جسے شہرت حاصل ہو گئی ہے اس کے متعلق لوگوں کا یہ خیال صحیح نہیں ہے، کہ وہ مسلمانوں کے صرف دینی تعلیم کا نصاب تھا۔ میں نے تفصیل سے دکھایا ہے کہ در حقیقت اس نصاب میں اس عہد کی دفتری زبان فارسی کی نظم، نثر اور انشاء وغیرہ کی بیسیوں کتابوں کے ساتھ ساتھ حساب اور خطاطی وغیرہ کی مشق کرانے کے بعد اعلیٰ تعلیم عربی زبان کی کتابوں کے ذریعہ دی جاتی تھی۔ (۱۷)

ہندوستان میں مسلمانوں کے تعلیمی نظام ونصاب کی تفصیلی معلومات کے لیے حضرت مولانا مناظر احسن گیلانی کی ضخیم کتاب ''ہندوستان میں مسلمانوں کا نظام تعلیم وتربیت'' کا مطالعہ کافی ہوگا۔

موجودہ نظام تعلیم : ذمہ داری اور تقاضے

مذکورہ بالا مباحث میں مسلمانوں کے تعلیمی نظام ونصاب کا ایک سرسری جائزہ لینے سے ہم نے اندازہ کیا کہ گزشتہ صدیوں میں مسلمانوں نے تعلیم کا جو نظام ترتیب دیا تھا اور جن خطوط پر اسے استوار کیا تھا وہ انتہائی جامع، مفید اور مؤثر تھا جس کے ذریعہ سے ایک طرف انہوں نے نئی نسل کے ایمان وعقیدہ کی حفاظت، ان کی دینی واخلاقی تربیت کی، تو دوسری طرف اس نظام تعلیم کے ذریعہ ساری دنیا کو اپنے زیر نگیں کیا اور وہ ساری دنیا کے معلم قرار پائے۔

مسلمانوں کے نظام تعلیم کی خوبی یہ ہے کہ مسلمانوں نے علم کو خالق کے اسم سے جوڑا، قرآن و حدیث کو بنیاد بنا کر دیگر علوم کو پروان چڑھایا اور صرف مفید و محمود کاموں تک علم کو محدود رکھا۔ جبکہ موجودہ

نظامِ تعلیم کی خرابی یہ ہے کہ اس نے خالق کے نام سے علم کو کاٹ دیا اور علم کے محمود وغیر محمود کی تمیز کو مٹا کر اس کو جہالت کے راستے پر ڈال دیا۔ آج تعلیم یافتہ طبقہ میں جو خرابیاں اور اخلاقی وفکری انحراف پایا جاتا ہے۔ اس کا سب سے بڑا سبب یہ ہے کہ تعلیم وتربیت کا مقصد غلط سمجھا گیا۔ تعلیمی وتربیتی کردار کی غلط تشریح کی گئی اور سب سے بنیادی سبب تعلیم کا ملحدانہ اور مادی فلسفہ ہے۔ موجودہ نظامِ تعلیم انسانیت کے لئے مضر اور ہلاکت خیز ہے، جبکہ اسلامی نظامِ تعلیم ساری انسانیت کے لئے نفع بخش، امنِ عالم کے قیام میں ممد ومعاون اور دینی ودنیوی ترقی وخوشحالی کا ضامن ہے۔

لہذا ہمیں بھی اپنے نظام ونصاب تعلیم کا ازسرِ نو جائزہ لینا ہوگا اور ایسی حکمت عملی متعین کرنی ہوگی کہ ہمارے نصاب میں دین کی اصل روح کو برقرار رکھتے ہوئے جدید تقاضوں اور ضروریات زمانہ کا مکمل لحاظ رکھا گیا ہو، اگر ہم اس میں کامیاب ہوجاتے ہیں اور ہماری محنت نتیجہ خیز ثابت ہوجائے تو یقیناً اس کے اثرات نہایت دوررس ودیر پا ہوں گے۔ تعجب نہیں کہ اس کام کو انجام دینے والا اس زمانہ کا مجدد قرار پائے۔ اس لئے کہ یہ اس روایت کا احیاء کرنے کے مترادف ہے جو اصل اسلامی روایت ہے۔

اس سلسلہ میں ہمیں کیا حکمت عملی اختیار کرنا ہے، اس کام کی ابتداء کہاں سے کی جائے، اس سلسلہ میں کن بنیادوں کا لحاظ رکھا جائے، یہ تمام باتیں غیر معمولی غور وخوض، مسلسل جد وجہد اور انتہائی صبر وضبط کی متقاضی ہیں۔

یہ کام جتنا اہم اور ضروری ہے، اُتنا ہی کٹھن، دشوار اور صبر آزما ہے اور شاید اس کام کی مشکلات کا صحیح اندازہ لگانے کے لئے ''جوئے شیر لانے'' اور ''لوہے کے چنے چبانے'' جیسی مثالیں بھی ہلکی پڑ جائیں۔

اللہ رب العزت تمام مسلمانوں کو اس کام کی افادیت وقدر وقیمت سے آگاہ کریں، اپنی مدد ونصرت سے نوازیں اور عافیت واستقامت کے ساتھ اس کارِ خیر کو انجام دینے کی توفیق ارزانی فرمائیں۔ آمین یا رب العلمین!

نوٹ :۔ زیرِ بحث موضوع کا مکمل احاطہ اس مختصر مضمون میں جس میں خامیاں بھی ہیں انتہائی مشکل ہے، رسول اللہ ﷺ کے قائم کردہ تعلیمی نظام ونصاب اور مسلمانوں کے عہد کی تعلیمی سرگرمیوں کا بالاستیعاب جائزہ اور اس کی روشنی میں ہمارے موجودہ تعلیمی نظام کی تشکیل وتعمیر مستقل تصنیف کی متقاضی ہے۔)

حواشی

۱۔ دعوت فکر و عمل ص ۱۰۹۔

۲۔ انسائیکلوپیڈیا برٹانیکا (آرٹیکل ایجوکیشن)۔

۳۔ مغرب کا فکری و تہذیبی چیلنج اور علماء کی ذمہ داریاں، خطاب از ڈاکٹر محمود احمد غازی۔

۴۔ ہندوستان میں مسلمانوں کا نظام تعلیم و تربیت۔

۵۔ عہد نبوی میں نظام تعلیم ص ۵۳۔

۶۔ ایضاص ۵۴۔

۷۔ عہد نبوی میں نظام تعلیم از ڈاکٹر حمید اللہ۔

۸۔ ترمذی۔ ابواب البر والصلۃ۔

۹۔ جمع الجوامع، عنوان تعلموا۔

۱۰۔ سنن ابو داؤد، کتاب العلم۔

۱۱۔ صحیح بخاری۔

۱۲۔ تاریخ ابن عساکر، ج ۵، ص ۴۷۴۔

۱۳۔ مستدرک حاکم، بحوالہ عہد نبوی میں نظام تعلیم، ص ۵۱۔۷۳۔

۱۴۔ مغرب کا فکری و تہذیبی چیلنج اور علماء کی ذمہ داریاں۔

۱۵۔ سورہ جاثیہ۔ ۱۳۔

۱۶۔ (New Researches Into Composition & Exegesis of the Qur'an, London, p.9) (بحوالہ اسلام اور علم ص ۲۳)

۱۷۔ ہندوستان میں مسلمانوں کا نظام تعلیم و تربیت، حصہ دوم، ص ۶۔

☆ ☆ ☆

مولانا محمد قمرالزماں ندوی ﷾

گھر کا سربراہ کون؟ مرد یا عورت

اس حقیقت سے کون انکار کر سکتا ہے کہ ہر اجتماعی نظام کے لئے عقلا اور عرفا یہ ضروری ہے کہ اس کا کوئی سربراہ حاکم یا امیر ہو کہ اختلاف و نزاع اور باہمی کشمکش کے وقت اسکے فیصلے سے کام چل سکے، جس طرح ملک و سلطنت اور ریاست وحکومت میں یہ سب کے نزدیک مسلم ہے، اور جس طرح قبائلی نظام میں بھی اس کی ضرورت و افادیت ہمیشہ محسوس کی گئی اور کسی ایک شخص کو قبیلہ کا حاکم وسردار مانا گیا ہے، اسی طرح عائلی نظام میں جس کو عرف میں خانہ داری کہا جاتا ہے اس میں بھی ایک امیر اور سربراہ کی ضرورت ہے، عورتوں اور بچوں کے مقابلے میں اس کام کے لئے حق سبحانہ وتعالی نے مردوں کو منتخب فرمایا ہے کہ ان کی علمی اور عملی قوتیں اور صلاحیت بہ نسبت عورتوں اور بچوں کے زیادہ ہیں، اور یہ ایسا معاملہ ہے کہ کوئی حقیقت پسند اس کا انکار نہیں کر سکتا۔

یہی وجہ ہے کہ قرآن مجید میں ایک موقع پر بطور خاص مرد اور عورت کے درجہ کی تعیین کرتے ہوئے فرمایا گیا۔ اَلرِّجَالُ قَوَّامُوْنَ عَلَى النِّسَاءِ بِمَا فَضَّلَ اللّٰهُ بَعْضَهُمْ عَلٰى بَعْضٍ وَّبِمَا اَنْفَقُوْا مِنْ اَمْوَالِهِمْ (النساء آیت ۶۴) مرد عورت کے نگراں اور حاکم ہیں اس لئے کہ اللہ تعالی نے ایک صنف (قوی) کو دوسری صنف (ضعیف) پر بڑائی دی ہے کہ مرد عورتوں پر اپنا مال خرچ کرتے ہیں۔

اس آیت مبارکہ میں مرد کو عورت پر قوام بنایا گیا ہے۔ عربی زبان میں قوام اسے کہتے ہیں جو کسی کی حمایت، حفاظت اور کفالت کا ذمہ دار بن کر کھڑا ہو، اور جو شخص ان امور کی ذمہ داری لے گا، تسلط اور حکومت اس کے لیے ضروری اور لازم ہے۔ مولانا امین احسن اصلاحی لفظ ''قوام'' کی تشریح کرتے ہوئے تحریر فرماتے ہیں :

''عربی میں ''قام'' کے بعد ''علی'' آتا ہے تو اس کے اندر نگرانی، محافظت، کفالت اور تولیت کا مضمون پیدا ہو جاتا ہے ''قَوَّامُوْنَ عَلَى النِّسَاءِ'' میں بالا تری کا مفہوم بھی ہے اور کفالت و تولیت کا بھی اور یہ دونوں باتیں کچھ لازم وملزوم سی ہیں۔ گھر کی

چھوٹی سی وحدت بھی جیسا کہ ہم نے اوپر اشارہ کیا، ایک چھوٹی سی ریاست ہے، جس طرح ہر ریاست اپنے قیام و بقا کیلئے ایک سربراہ کی محتاج ہوتی ہے، اسی طرح یہ ریاست بھی ایک سربراہ کی محتاج ہے۔ اب سوال یہ پیدا ہوتا ہے کہ اس ریاست میں سربراہی کا مقام مرد کو حاصل ہو یا عورت کو؟

قرآن نے اس کا جواب یہ دیا ہے کہ یہ مقام مرد کو حاصل ہے اور اس کے حق میں دو دلیلیں دی ہیں ایک یہ کہ اللہ تعالیٰ نے مرد کو عورت پر فضیلت بخشی ہے، مرد کو بعض صفات میں عورت پر نمایاں تفوق حاصل ہے جس کی بنا پر وہی سزاوار ہے کہ قوامیت کی ذمہ داری اسی پر ڈالی جائے۔ مثلاً محافظت و مدافعت کی جو قوت و صلاحیت یا کمانے اور ہاتھ پاؤں مارنے کی جو استعداد و ہمت اس کے اندر ہے وہ عورت کے اندر نہیں ہے، یہ امر ملحوظ رہے کہ یہاں زیر بحث کلی فضیلت نہیں ہے بلکہ وہ فضیلت ہے جو مرد کی قوامیت کے استحقاق کو ثابت کرتی ہے۔ بعض دوسرے پہلو عورت کی فضیلت کے بھی ہیں لیکن ان کو قوامیت سے تعلق نہیں ہے۔ مثلاً عورت گھر سنبھالنے اور بچوں کی پرورش و نگہداشت کی جو صلاحیت رکھتی ہے۔ وہ مرد نہیں رکھتا۔ اسی وجہ سے قرآن نے یہاں بات ابہام کے انداز میں فرمائی ہے جس سے مرد اور عورت دونوں کا کسی نہ کسی پہلو سے صاحب فضیلت ہونا نکلتا ہے۔ لیکن قوامیت کے پہلو سے مرد ہی کی فضیلت کا پہلو راجح ہے۔ دوسری یہ کہ مرد نے عورت پر اپنا مال خرچ کیا۔ بعض بیوی بچوں کی معاشی اور کفالتی ذمہ داری تمام اپنے سر اٹھائی ہے۔ ظاہر ہے کہ ہر ذمہ داری مرد نے اتفاقیہ یا تبرعاً نہیں اٹھائی ہے۔ بلکہ اس وجہ سے اٹھائی ہے کہ یہ ذمہ داری اسی کے اٹھانے کی ہے۔ وہی اس کی صلاحیت رکھتا ہے اور وہی اس کے حق ادا کر سکتا ہے'' (۱)

مذکورہ آیت کے ضمن میں صاحب تفہیم القرآن رقم طراز ہیں :

''قوام یا قیم اس شخص کو کہتے ہیں جو کسی فرد یا ادارے یا نظام کے معاملات کو درست حالت میں چلانے اور اسکی حفاظت و نگہبانی کرنے اور اس کی ضروریات مہیا کرنے کا ذمہ دار ہو۔ یہاں فضیلت بمعنی شرف اور کرامت اور عزت نہیں ہے، جیسا کہ ایک عام اردو خواں آدمی اس لفظ کا مطلب لیگا، بلکہ یہاں یہ لفظ اس معنی میں ہے کہ ان میں سے ایک صنف (یعنی مرد) کو اللہ نے طبعاً بعض ایسی خصوصیات اور قوتیں عطا کی ہیں جو دوسری صنف (یعنی عورت) کو نہیں دیں یا اس سے کم دی ہیں۔ اس بنا پر خاندانی نظام میں مرد ہی قوام ہونے کی اہلیت رکھتا ہے اور عورت فطرۃ ایسی بنائی گئی ہے کہ اسے خاندانی زندگی میں مرد کی حفاظت و خبرگیری کے

تحت رہنا چاہیے'' ۔(۲)

مولانا مفتی شفیع صاحب رحمۃ اللہ علیہ اس آیت کے مالہ وما علیہ کے تحت تحریر فرماتے ہیں :

'' خلاصہ یہ ہے کہ سورۂ بقرہ کی آیت میں وَلِلرِّجَالِ عَلَیهِنَّ دَرَجَۃٌ (۲۲۸:۲) فرما کر اور سورہ نساء کی آیت مندرجہ میں ''اَلرِّجَالُ قَوّٰمُوْنَ عَلَی النِّسَاءِ '' فرما کر یہ بتلا دیا گیا کہ اگرچہ عورتوں کے حقوق مردوں پر ایسے ہی لازم و واجب ہیں جیسے مردوں کے عورتوں پر ہیں اور دونوں کے حقوق باہم مماثل ہیں، لیکن ایک چیز میں مردوں کو امتیاز حاصل ہے کہ وہ حاکم ہیں ۔اور قرآن کریم کی دوسری آیات میں یہ بھی واضح کردیا گیا کہ یہ حکومت جو مردوں کی عورتوں پر ہے محض آمریت اور استبداد کی حکومت نہیں، بلکہ حاکم یعنی مرد بھی قانون شرع اور مشورہ کا پابند ہے، محض اپنی طبیعت کے تقاضہ سے کوئی کام نہیں کرسکتا، اس کو حکم دیا گیا کہ عاشرو ھن بالمعروف (۱۹:۵) یعنی عورتوں کے ساتھ معروف طریقہ پر اچھا سلوک کرو۔ اسی طرح دوسری آیت میں عن تراضٍ منھما و تشاوُرٍ (۲۳۳:۲) کی تعلیم ہے،جس میں اس کی ہدایت کی گئی ہے کہ امور خانہ داری میں بیوی کے مشورہ سے کام کریں،اس تفصیل کے بعد مرد کی حاکمیت عورت کے لئے کسی رنج کا سبب نہیں ہوسکتی ، چونکہ یہ احتمال تھا کہ مردوں کی اس فضیلت اور اپنی محکومیت سے عورتوں پر کوئی ناخوش گوارا اثر ہو،اس لیے حق تعالی نے اس جگہ صرف حکم بتلانے اور جاری کرنے پر اکتفا نہیں فرمایا ، بلکہ خود ہی اس کی حکمت اور وجہ بھی بتلا دی، ایک وجہی جس میں کسی کے عمل کا دخل نہیں، دوسرے کسی جو عمل کا اثر ہے۔ پہلی وجہ یہ ارشاد فرمائی ''بِمَا فَضَّلَ اللّٰہُ بَعْضَھُمْ عَلٰی بَعْضٍ '' یعنی اللہ تعالی نے دنیا میں خاص حکمت ومصلحت کے تحت ایک کو دوسرے پر بڑائی دی ہے، کسی کو افضل کسی کو مفضول بنایا ہے، جیسے ایک خاص گھر کو اللہ تعالٰی نے اپنا بیت اللہ اور قبلہ قرار دیدیا، بیت المقدس کو خاص فضیلت دیدی،اسی طرح مردوں کی حاکمیت بھی ایک خدا داد فضیلت ہے، جس میں مردوں کی سعی وعمل یا عورتوں کی کوتاہی و بے عملی کا کوئی دخل نہیں ہے۔ دوسری وجہ کسی اور اختیاری ہے کہ مرد اپنا مال عورتوں پر خرچ کرتے ہیں، مہر ادا کرتے ہیں، اور ان کی تمام ضروریات کی ذمہ داری اٹھاتے ہیں۔ان دو وجہ سے مردوں کو عورتوں پر حاکم بنایا گیا'' ۔(۳)

آگے ایک خاص نکتہ اور حکمت کی طرف اشارہ کرتے ہوئے حضرت مفتی صاحبؒ لکھتے ہیں :

'' پہلی وجہ کے بیان میں مختصر طریقہ یہ تھا کہ رجال اور نساء کی طرف ضمیریں عائد

کرکے"فَضَّلَهُمْ عَلَيْهِنَّ" فرما دیا جاتا، مگر قرآن کریم نے عنوان بدل کر "بَعْضَهُمْ عَلٰى بَعْضٍ" کے الفاظ اختیار کئے، اس میں یہ حکمت ہے کہ عورتوں اور مردوں کو ایک دوسرے کا بعض اور جزو قرار دے کر اس طرف اشارہ کر دیا کہ اگر کسی چیز میں مردوں کی فوقیت اور افضلیت ثابت بھی ہو جائے تو اس کی مثال ایسی ہے جیسے انسان کا سر اس کے ہاتھ سے افضل یا انسان کا دل اس کے معدہ سے افضل ہے، تو جس طرح سر کا ہاتھ سے افضل ہونا ہاتھ کے مقام اور اہمیت کو کم نہیں کرتا، اسی طرح مرد کا حاکم ہونا عورت کے درجہ کو نہیں گھٹاتا، کیونکہ یہ دونوں ایک دوسرے کے لئے مثل اعضاء و اجزاء کے ہیں مرد سر ہے تو عورت بدن۔ اور بعض مفسرین نے فرمایا کہ اس عنوان سے اس طرف بھی اشارہ کر دیا گیا ہے کہ یہ افضلیت جو مردوں کو عورتوں پر حاصل ہے یہ جنس اور مجموعہ کے اعتبار سے ہے، جہاں تک افراد کا تعلق ہے تو بہت ممکن ہے کہ کوئی عورت کمالات علمی و عملی میں کسی مرد سے بڑھ جائے اور صفت حاکمیت میں بھی مرد سے فائق ہو جائے۔

دوسری وجہ اختیاری جو بیان کی گئی ہے کہ مرد اپنے مال عورتوں پر خرچ کرتے ہیں، اس میں بھی چند اہم امور کی طرف اشارہ فرمایا گیا ہے، مثلا ایک تو اس شبہ کا ازالہ ہے جو آیاتِ میراث میں مردوں کا حصہ دوہرا اور عوتوں کا اکہرا ہونے سے پیدا ہو گیا ہے، کیونکہ اس آیت نے اس کی بھی ایک وجہ بتلا دی کہ مالی ذمہ داریاں تمام تر مردوں پر ہیں، عورتوں کا حال تو یہ ہے کہ شادی سے پہلے ان کے تمام مصارف کی ذمہ داری باپ پر ہے اور شادی کے بعد شوہر پر، اس لئے اگر غور کیا جائے تو مرد کو دوہرا حصہ دینا اس کو کچھ زیادہ دینا نہیں ہے، وہ پھر لوٹ کر عورتوں ہی کو پہنچ جاتا ہے۔ دوسرا اشارہ ایک اہم اصولِ زندگی کے متعلق یہ بھی ہے کہ عورت اپنی خلقت اور فطرت کے اعتبار سے نہ اس کی متحمل ہے کہ اپنے مصارف خود کما کر پیدا کرے، نہ اسکے حالات اس کے لئے سازگار ہیں کہ وہ محنت، مزدوری اور دوسرے ذرائع کسب میں مردوں کی طرح دفتروں اور بازاروں میں پھرا کرے۔ اس لئے حق تعالیٰ نے اس کی پوری ذمہ داری مردوں پر ڈال دی، شادی سے پہلے باپ اس کا متکفل ہے اور شادی کے بعد شوہر۔ اس کے بالمقابل نسل بڑھانے کا ذریعہ عورت کو بنایا گیا ہے، بچوں کی اور امورِ خانہ داری کی ذمہ داری بھی اسی پر ڈال دی گئی ہے، جبکہ مرد ان امور کا متحمل نہیں ہو سکتا۔ اس لئے یہ نہیں سمجھا جا سکتا کہ عورت کو اپنے نفقات میں مرد کا محتاج کر کے اس کا رتبہ کم کر دیا گیا ہے، بلکہ تقسیم کار کے اصول پر ڈیوٹیاں تقسیم کر دی گئی ہیں، ہاں ڈیوٹیوں کے درمیان جو باہم تفاضل

ہوا کرتا ہے وہ یہاں بھی ہے۔ خلاصہ یہ ہے کہ ان دونوں وجہوں کے ذریعہ یہ بتلا دیا گیا کہ مردوں کی حاکمیت سے نہ عورتوں کا کوئی درجہ کم ہوتا ہے اور نہ ان کی اس میں کوئی منفعت ہے، بلکہ اس کا فائدہ بھی عورتوں ہی کی طرف عائد ہوتا ہے'' (۴)

حافظ ابن کثیرؒ نے اس لفظ کی تشریح فرماتے ہوئے لکھا ہے۔ أی هو رئیسها و کبیرها والی کم علیها و مؤدبها إذا اعوجت ۔ یعنی مرد عورت کا سردار ہے، بڑا ہے، اس پر حاکم ہے اور غلط روی کی صورت میں اس کو ادب سکھانے والا ہے۔ (۵)

الغرض شریعت اسلامی میں مرد کو عورت کے مقابلہ میں یہ جو مقام ملا ہے اس کی اللہ تعالیٰ نے دو وجہیں بیان فرمائیں ایک وہبی، خداداد اور دوسری کسبی، اختیاری، وہبی اور فطری یہ کہ '' اللہ تعالیٰ نے مرد کو عورت پر بڑائی دی'' یعنی مرد کو جسمانی و عقلی قوتیں عورت سے زائد اور بہتر عطا فرمائیں جس کے نتیجہ میں مرد علمی و عملی کمالات میں عورت سے فائق ہوا۔ اور ظاہر ہے کہ علمی و عملی کمالات ہی پر ترقی درجات کا انحصار ہے۔

مولانا زین العابدین سجاد میرٹھیؒ مرد اور عورت کے باہم تقسیم کار کے حوالے سے لکھتے ہیں ۔

'' گھر کے مختصر سے معاشرہ میں بھی مرد کو ریاست کا درجہ عطا فرمایا، کسب معاش کا بوجھ اسکے کاندھوں پر ڈالا اور خاندان کی صلاح و فلاح اور ان کی حفاظت و حمایت کی ذمہ داری اس کے سپرد کی اور ملک و ملت کی وسیع سوسائٹی میں بھی دشمنوں سے حفاظت، تدبیر امور مملکت اور عمومی نظم و نسق کی گراں بار ذمہ داریاں مردوں کے سپرد کیں چنانچہ جس طرح امامت کبریٰ (نبوت) (۱) اور امامت صغریٰ (نماز کی امامت) مردوں سے متعلق رہی ہیں اسی طرح خلافت امارت اور قضاء کے فرائض بھی مردوں ہی کے سپرد کئے گئے ہیں ۔ حافظ ابن کثیرؒ لکھتے ہیں ولهذا کانت النبوة مختصةً بالرجال وکذلک الملک الأعظم بقوله صلی الله علیه وسلم لن یفلح قوم ولوا أمرهم امرأة (رواه البخاری) وکذا منصب القضاء وغیرذلک۔ اور انہی وجوہ سے نبوت مردوں کے ساتھ مخصوص رہی ہے اور اسی طرح خلافت و امارت، کیونکہ رسول اکرم صلی اللہ علیہ وسلم نے ارشاد فرمایا وہ قوم ہرگز فلاح نہ پائے گی جس نے اپنے امور مملکت عورتوں کے سپرد کر دیئے (بخاری) اور اسی طرح قضاء وغیرہ کے مناصب بھی مردوں سے متعلق رہے ہیں ۔ (ابن کثیر) البتہ ملک و ملت کے وہ مسائل جو عورتوں ہی سے متعلق ہیں ان میں عورتوں کی مدد کی جا سکتی ہے اور ضرورت پڑنے پر وقتی طور پر دوسری ذمہ داریاں بھی عورتوں کی صنفی

خصوصیات کو ملحوظ رکھتے ہوئے عورتوں کے سپرد کی جاسکتی ہیں ۔ اس فرق مراتب اور تقسیم فرائض سے عورتوں کی عزت وحرمت میں کسی قسم کی کمی نہیں آتی۔ (۶)

سورہ نساء کی مذکورہ آیت سے یہ بات بالکل واضح ہوگئی کہ عورت کی سر براہی ازروئے شریعت درست نہیں ہے۔ اور عورت کی سر براہی کے خلاف قرآن کریم کی یہ نص، نص قطعی کے درجہ میں ہے،جس کی تائید صحیح بخاری کی اس حدیث سے بھی ہوتی ہے، جس میں نبی کریم ﷺ نے فرمایا ہے''وہ قوم ہرگز فلاح یاب نہیں ہوگی جس نے اپنے امور ایک عورت کے سپرد کردیئے''(۷)

بعض حضرات حضرت عائشہؓ کی جنگ جمل میں شرکت اور ایک گروپ کی قیادت سے خواتین کے لئے سیاسی اور عسکری قیادت کا جواز ثابت کرتے ہیں، جبکہ حقیقت یہ ہے کہ حضرت عائشہؓ کی جنگ جمل میں شرکت قائدِفوج کی حیثیت سے نہیں تھی اور نہ سپاہی کی حیثیت سے وہ شریک ہوئی تھیں،حضرت عائشہؓ کا مقصد محض قتل عثمان کے قصاص کا مطالبہ تھا،اس کے علاوہ اکثر صحابہؓ اور دوسری ازواج مطہراتؓ کو حضرت عائشہؓ کے اس اقدام سے اتفاق نہیں تھا،اور خود ام المومنین حضرت عائشہؓ کو بھی اپنی اس اجتہادی غلطی کا احساس ہوگیا تھا اور اس مہم میں شرکت پر آپ کو پچھتاوا تھا،اس لئے حضرت عائشہؓ کے اس عمل سے عورت کے لئے حکومت و سیاسی کا جواز فراہم کرنا محض حقیقت کو منھ چڑھانا ہے، جب مذہب اسلام نے عائلی نظام کے لئے مرد کو سر براہ کی حیثیت سے منتخب کیا تو یہ کیونکر ممکن ہے کہ یہ مذہب خواتین کو گھر سے بے گھر کرکے حکومت و مملکت کا بار گراں صنف نازک کے کندھے پر ڈالدے اور وضع الشئی علی غیر محلہ کا مصداق قرار پائے۔

مضمون کو ختم کرنے سے پہلے ایک اور نکتہ کی طرف اشارہ کردینا مناسب معلوم ہوتا ہے وہ یہ کہ خدائے وحدہ لاشریک نے انسانوں کے درمیان صلاحیتوں کو تقسیم کردیا ہے تا کہ دنیا کا نظام مستحکم ومنظم انداز میں چلتا رہے اور اسی تقسیم کی طرف قرآن حکیم میں یوں اشارہ کیا گیا ہے۔ وَلَا تَتَمَنَّوْا مَا فَضَّلَ اللّٰهُ بِهٖ بَعْضَكُمْ عَلٰى بَعْضٍ ۭ لِلرِّجَالِ نَصِيْبٌ مِّمَّا اكْتَسَبُوْا ۭ وَلِلنِّسَاۗءِ نَصِيْبٌ مِّمَّا اكْتَسَبْنَ ۭ وَسْـَٔـلُوا اللّٰهَ مِنْ فَضْلِهٖ ۭ اِنَّ اللّٰهَ كَانَ بِكُلِّ شَيْءٍ عَلِيْمًا ۝ (سورۃ النساء ۳۲) اور جو کچھ اللہ تعالیٰ نے تم میں سے کسی کو دوسروں کے مقابلے میں زیادہ دیا ہے اس کی تمنا نہ کرو، جو کچھ مردوں نے کمایا ہے اس کے مطابق ان کا حصہ ہے اور جو کچھ عورتوں نے کمایا ہے اس کے مطابق ان کا حصہ ہے، ہاں اللہ سے اس کے فضل کی دعا مانگتے رہو یقیناً اللہ ہر چیز کا علم رکھتا ہے''(۸)

مولانا امین احسن اصلاحیؒ اس آیت کی تفسیر کے ضمن میں تحریر فرماتے ہیں ۔''قرآن نے اس آیت میں یہی بتایا ہے کہ مقابلہ کا میدان پیدائشی صفات یا فطری ترجیحات کا نہیں بلکہ اکتسابی صفات کا میدان ہے، یہ میدان نیکی، تقویٰ، عبادت، ریاضت، توبہ اور جامع الفاظ میں ایمان اور عمل صالح کا میدان ہے، اس میں بڑھنے کے لئے کسی پر روک نہیں، مرد بڑھے گا وہ اپنی جدوجہد کا ثمرہ پائے گا، عورت بڑھے گی وہ اپنی سعی کا پھل پائے گی، آزاد، غلام، باندی، شریف، کمینہ، بینا، نابینا سب کے لئے میدان یکساں کھلا ہوا ہے، خدا نے طبعی طور پر فضیلتیں بانٹی ہیں، ان سے ہزار درجے زیادہ اس کا فضل یہاں ہے، جو فضیلت کے طالب ہیں وہ اس میدان میں اتریں اور خدا کے فضل کے طالب بنیں''(9)

حواشی وحوالہ جات :

(۱) تدبر قرآن صفحہ ۲۹۱-۲۹۲ جلد دوم امین احسن اصلاحیؒ

(۲) تفہیم القرآن جلد اول صفحہ ۳۴۹ مولانا سید ابوالاعلیٰ مودودیؒ

(۳) معارف القرآن جلد دوم صفحہ ۳۹۶-۳۹۷ مولانا مفتی شفیع صاحبؒ

(۴) معارف القرآن جلد دوم صفحہ ۳۹۷-۳۹۸ مولانا مفتی شفیع صاحبؒ

(۵) ابن کثیر جلد اول صفحہ ۴۱۱ بحوالہ قاموس القرآن صفحہ ۴۲۸ زین العابدین میرٹھی

(۶) قاموس القرآن صفحہ ۴۲۹ مولانا زین العابدین سجاد میرٹھی

(۷) بخاری کتاب المغازی والفتن

(۸) سورہ نساء آیت ۳۲

(۹) تدبر قرآن جلد دوم صفحہ ۶۲

محمد امین قاسمی جودھ پوری ﷺ

سرکاری اسکولوں میں ''سوریہ نمسکار'' کا لازمی آرڈر اور ہماری ذمہ داریاں

ملک ہندوستان کے بابصیرت، بالغ نظر، دوراندیش اور مثبت سوچ کے حامل محب وطن دانشوروں اور راہنماؤں نے اس کی بنیاد تین اصولوں پر رکھی تھی۔ یعنی یہ ملک تین اصولوں پر کار بند ہوگا اور انہیں کی راہنمائی میں حکومتیں اور قوانین بنیں گے، تعلیمی، تہذیبی اور مذہبی نظام انہیں کے تحت چلے گا۔

(۱)   جمہوریت (DEMOCRACY) یعنی اکثریت کی بنیاد پر حکومتی امور طے پائیں گے

(۲)   سیکولر زم (SECULARISM) یعنی ہندوستان غیر مذہبی اسٹیٹ ہوگا، مذہبی خودمختاری ہر باشندے کو حاصل ہوگی، حکومت یا ملکی قوانین کسی دوسرے کے مذہب پر دست درازی نہیں کر سکتے، خواہ اس مذہب کے پیرو کار اکثریت میں ہوں یا اقلیت میں۔

(۳)   عدمِ تشدد (NON.VIOLENCE) فرقہ وارانہ فسادات سے یہ ملک پاک رہے گا۔ یہ تین اصول مسلم امراء و سلاطین کے زمانے سے پائے جاتے ہیں، آزادی کی تحریک بھی انہیں اصولوں کی بنیاد پر لڑی گئی، اور ملک کا دستوری ڈھانچہ بھی انہیں تین اصولوں پر بنایا گیا، گو یا ہندوستان کی قدیم وجدید تاریخ پر نظر کرنے سے نتیجہ برآمد ہوتا ہے، کہ یہ تین اصول اس ملک کی فطرت اور مزاج بن گئے ہیں۔

لیکن آزادی کے بعد حکومت میں زیادہ تر اہلکاران وعہدیداران برہمنی طبقے سے ہونے کی وجہ سے اس ملک کی حکومتیں ان قوانین پر مضبوطی سے کار بند رہنے کے بجائے برابران کو پائمال کرتی رہیں اور اقلیت وپسماندہ طبقات پر منصوبہ بند سازشوں کے تحت ظلماً ہاتھ اٹھاتی رہیں؛ اس کا مقصد سیاسی روٹیاں سینکنا ہوں یا عالمی سطح کی پالیسیوں کی تکمیل ۔ اس میں شک نہیں کہ اقلیتی طبقہ آزادی کے بعد ہمیشہ حکومتوں کی بے رخی کا شکار رہا ہے، حکومتوں کو اس اڑیل مزاج پر آمادہ کرنے میں پسماندہ طبقات کے کچھ تلخ تجربات: قیامِ پاکستان کی تحریک، بابری مسجد کے انہدام اور مختلف فسادات کے موقعوں پر بعض جذباتی نوجوانوں کی شعلہ

انگریزیوں نے بھی جلتے میں تیل کا کام کیا ہے۔

ہاں! اس میں شِدّت اس وقت آئی جب ۲۰۱۴ء کے عام انتخابات میں بھاری اکثریت کے ساتھ بی۔جے۔پی۔ برسرِ اقتدار آئی؛ جس کا ایجنڈا ہی اس ملک کو ہندو راشٹر بنانا یا ہندو احیائیت ہے، اس پارٹی نے اپنی فنی مہارت کے ساتھ اقتدار میں آ کر بہت ہی مختصر مدت میں ان اصولوں اور قوانین کے خلاف بہت کچھ کرنے کی کوششیں کیں، جن پر محبِ وطن بانیان نے ہندوستان کی بنیاد رکھی تھی۔ اسی کے ساتھ ساتھ بی۔جے۔پی۔ کی صوبائی حکومتیں بھی مرکز سے شہ پا کر موقع بموقع جمہوریت اور سیکولرزم مخالف بیانات جاری کرتی رہیں اور حتیٰ الوسع قانون بھی بناتی رہیں۔

یہ صورتِ حال ان صوبوں میں کچھ زیادہ ہی پائی جاتی ہے جو اسلام مخالف گروہ آر۔ایس۔ایس۔ (R.S.S) اور اس کی شاخوں: اے۔بی۔وی۔پی۔ مزدور سنگھ، وشو ہندو پریشد، اور بجرنگ دل جیسی سو سے زائد ذیلی تنظیموں کی توجہات کے مرکز رہے ہیں، جہاں ہندو احیائیت اور اس کے منصوبوں کے پھیلنے پھولنے کی راہیں زیادہ ہیں، جو سنگھ سے متأثر اور تعصب پرست اسٹیٹ کہلاتے ہیں۔ ان میں سے ایک صوبۂ راجستھان بھی ہے جو ملک میں ہندو انتہا پسندی کے اعتبار سے مشہور ہے۔ تاہم اگر تاریخ میں نشتر زنی نہ کی جائے اور اس پر منصفانہ نظر ڈالی جائے تو یہ صوبہ مختلف مذاہب کا اسٹیٹ ہونے کے باوجود راجا، مہاراجاؤں اور آزادی کے بعد کے زمانے میں بہ نسبت دوسرے جنوبی اور شمالی صوبوں کے؛ کچھ زیادہ ہی امن و سکون کا گہوارہ رہا ہے۔

اس صوبے میں فی الوقت بی۔جے۔پی۔ کی حکومت ہے اور وزیرِ اعلیٰ کی کرسی پر محترمہ وسندھرا راج سندھیا براجمان ہیں۔ جو سیکولرزم اور ایماندارانہ چہرے سے میدان میں اتریں اقلیتی طبقے نے ان پر بھروسہ کیا اور وہ کامیاب ہوئیں۔ باوجود اس کے وسندھرا راج نے اس صوبے کی اولاً مڈل اسکولوں میں اور ثانیاً سیکنڈری اور سینئر سیکنڈری سب ہی اسکولوں میں ''سوریہ نمسکار'' کا لازمی آرڈر جاری کر دیا۔ اس میں کوئی شک نہیں اور نہ ہی کسی تاویل کی کوئی گنجائش کہ ''سوریہ نمسکار'' ایک ہندوانہ عقیدہ ہے، جس میں اس مذہب کے ماننے والے دست بستہ سورج کے سامنے کھڑے ہو کر خاص وقت میں خاص طریقے سے اس کی پوجا پاٹ کرتے ہیں، اگر مسلمان بچے اس عمل کو کرتے ہیں تو ان کی سادہ لوحوں پر ایک شرکیہ و کفریہ عقیدہ کس طرح نقش کا الجھر ہوتا ہے؟ اور وہ کس طرح ارتداد کی لہر میں جاتے ہیں؟؟ یہ کسی سے مخفی نہیں۔

نااہل راقم سطور نے سمجھدار اور سن بلوغیت میں پہنچے ہوئے مسلم اسکولی طلبا سے ''سوریہ نمسکار'' اور ''وندے ماترم'' کے بارے میں پوچھا کہ آپ سے کیا یہ عمل کروایا جاتا ہے یا نہیں؟ دو طلبا کے علاوہ بقیہ

پانچ طلبا نے بتایا جو معیاری اسکولوں میں زیرِ تعلیم ہیں :

''صبح اسکول میں جاتے ہی ہم سے ''پرارتھنا'' بلوائی جاتی ہے، بعد ازاں ''وندے ماترم'' ۲ طلبا آگے پڑھتے ہیں، ہم ان کے پیچھے اس کو دہراتے ہیں، اس کے بعد ۱۰۔ ۱۲ منٹ تک ''سوریہ نمسکار'' اور ''یوگ'' کروایا جاتا ہے''

یہ تو ان طلبا کا جواب ہوا، ورنہ دیگر کئی اسکولوں میں بھی ''وندے ماترم'' گایا جاتا ہے، جس میں صریح شرکیہ الفاظ و اشعار ہیں۔ یہ بات الگ ہے کہ : جو اسکولیں مسلم علاقوں میں قائم ہیں اور وہاں مسلمان طلبا کی اکثریت بھی ہے، یا کسی اسکول میں مسلم اساتذہ ہیں تو وہاں یہ مذکورہ عمل شاید نہیں ہوتا ہوگا، یا جو طلبا ان صریح شرکیہ جملوں کو سمجھتے ہیں وہ بھی ان سے بچتے ہوں گے۔

سمجھنے کی بات یہ ہے کہ یہی وہ بنیادی اور مرکزی نکتہ ہے، جو آزادیٔ ہند کے بعد ملتِ اسلامیہ ہندیہ کے لیے سب سے اہم اور موت و حیات کا مسئلہ بنا ہوا ہے کہ ہمارے بچوں کا مذہب اور تہذیب بدلنے کی ایک جارحانہ کوشش ہو رہی ہے۔ نصاب تعلیم کی کتابوں میں ہندوانہ عقائد و خیالات اور ہندو تہذیب اور روایات کو اتنی بری طرح ٹھونسا گیا ہے اور ٹھونسا جا رہا ہے کہ اس کو ہم ہندو مذہب کی تبلیغ و ترویج کی اشاعت کے علاوہ، اور ''وندے ماترم'' اور ''سوریہ نمسکار'' کو لازم قرار دینا؛ ہندو تہذیب و روایات پر عمل کروانے کے علاوہ کے کچھ نہیں کہہ سکتے ہیں ۔ اب صورت حال یہ ہے کہ ایک طرف ہمارے آباؤ اجداد نے فیصلہ کیا تھا کہ ہم اور ہماری نسلیں ایمان و اسلام کے ساتھ ہندوستان میں رہیں گے، جئیں گے اور مریں گے، دوسری طرف ہمارے بچوں کو عصری تعلیم سے آراستہ کرنا قانوناً اور اخلاقاً ہر اعتبار سے ضروری ہے اور عصری تعلیم حاصل کرنے کا عام ذریعہ یہی اسکولیں ہیں ، جہاں صریح مشرکانہ و ہندوانہ عقائد اور ہندو تہذیب و تمدن کو پوری دلیری اور قانونی حیثیت سے لازم کیا جا رہا ہے ۔

فی الوقت کرنے کے کچھ کام

اس وقت جو ہم مسئلہ ہے وہ صوبائی حکومت کی طرف سے سرکاری تمام اسکولوں میں ''سوریہ نمسکار'' کا لازمی آرڈر نافذ کرنا ہے، سرکار کا یہ فیصلہ سیکولر طریقے سے کالعدم قرار دیا جائے، اس کے لیے تاریخ کے مطالعہ سے اولاً ہمیں دو کاموں کی طرف راہنمائی ملتی ہے کہ ہمارے اکابرین نے سیکولر طریقہ سے حکومتوں کو مسئلہ کی حساسیت کی طرف متوجہ کیا ہے، حکومتوں کو کہا ہے، سنایا ہے، مختلف طریقوں سے احتجاج کیا ہے اور حسبِ ضرورت وہ سب قدم اٹھائے ہیں جن کا ملکی دستور اجازت دیتا ہے؛ چنانچہ جب یو پی سرکار نے اسکولوں میں ''وندے ماترم'' اور مدھیہ پردیش سرکار نے ''سوریہ نمسکار'' کا لازمی آرڈر جاری کیا تو ہمارے اکابرین نے مذکورہ طریقے

اپنائے، بعض اکابرین نے مسلم بچوں کو اسکول جانے تک سے منع کیا، اور عدالتی دروازے بھی کھٹکھٹائے، کئی ہائی کورٹوں اور ملک کے سپریم کورٹ نے مذکورہ دونوں حکومتوں کے خلاف فیصلہ دیا اور ان کو اپنا نافذ کردہ آرڈر بمشکل ہی سہی، واپس لینا پڑا۔ یہ کام کرنے کے لیے زمینی سطح کی مکمل منصوبہ بندی کے ساتھ ساتھ ہمیں ہماری صفوں میں اتحاد دکھانا ہوگا، مسلکی تنظیمی، اور علاقائی اختلافات و ذاتی مفادات کو بالائے طاق رکھنا ہوگا۔ اگر ہماری صفوں میں دراڑ نظر آئی تو دشمن اس سے فائدہ اٹھالے گا، جیسے پہلے اٹھاتا رہا ہے اور ہمارے بچوں کو الحاد و ارتداد کے زہرسے بچانا مشکل ہوجائے گا۔

دوسرا مثبت اور تعمیری کام یہ ہے کہ ہمہ گیر اور وسیع پیمانے پر مکاتب دینیہ کا انتظام کیا جائے، جہاں مکاتب قائم ہیں ان کو مضبوط کیا جائے، اور جن علاقوں میں مکاتب کا قیام اب تک نہیں ہوا ہے وہاں مکاتب قرآنیہ کے قیام کی شکلیں وصورتیں اپنائی جائیں۔

نمبر ۲ رکے تحت فی الوقت کرنے کے چار کام

(۱)   ان دینی مکاتب کے ساتھ پرائمری درجہ تک عصری تعلیم کا عمدہ نظم کیا جائے۔ اس میں سرکاری معیار کے مطابق نصاب بنایا جائے۔ جس میں ہندی، انگلش، حساب، تاریخ اور جغرافیہ سب شامل ہوں۔

(۲)   جن اسلامی مدارس میں دینی تعلیم کے ساتھ عصری تعلیم کا بندوبست ہے ان کو مزید فعال کیا جائے۔ اور طلبا کے لیے عصری تعلیم سے بھی جڑنے کے مواقع فراہم کیے جائیں۔

(۳)   صوبائی یا ملکی پیمانے پر جو یونیورسٹیاں، کالجز اور اسکولیں مسلمانوں کے زیر انتظام چل رہی ہیں، ان میں اگر پرائمری درجے کا انتظام نہیں ہے تو ان میں بھی پرائمری درجے کا معقول اور معیاری اسکول قائم کیا جائے۔

(۴)   جس طرح مسلمان آج تک مکاتب قرآنیہ، دینی مدارس یا اسلامیہ اسکول اپنی قومی و ملی ضرورت سمجھ کر قائم کرتے اور چلاتے آرہے ہیں، اسی طرح پرائمری درجے کے اسلامی مکاتب بھی محلہ محلہ اور گاؤں گاؤں قائم کیے جائیں۔ اور چھوٹے بڑے قصبات اور شہروں میں سرکاری مداخلت سے پاک اسلامی و اخلاقی اطوار کی حامل سیکنڈری اور سینئر سیکنڈری اسکولیں بھی قائم کی جائیں تاکہ پرائمری تعلیم کے یہ طلبا ان اسکولوں میں داخلہ لے سکیں۔

ان سب کوششوں کے باوجود وہ طلبا دوبارہ جاتے ہیں جن کی بستیوں میں اسلامی مکاتب اور پرائمری تعلیم کا

معقول انتظام نہیں ہے اور وہ تعلیم حاصل کرنے کے لیے سرکاری اسکولوں میں جاتے ہیں، ان کو دینیات اور ایمانی و اسلامی عقائد سے صرف آگاہی کے لیے نہیں، بلکہ دینی عقائد و اخلاق کی پختگی کے لیے بستی کی مسجد میں یا کسی گھر میں صبیحہ یا شبینہ مکاتب قائم کیے جائیں اور اس میں دینیات و قرآن کریم کی تعلیم دی جائے۔

یاد رہے ہمیں یہ ساری صورتیں سرکاری امداد و تعاون سے پاک رکھنی ہوں گی ان کا سارا بوجھ ہمیں خود برداشت کرنا ہوگا، ہمیں اور ہمارے بچوں کو بھوک کاٹنی ہوگی، قربانیاں دینی ہوں گی، آل واولاد کی بیجا خواہشات سے منہ موڑنا ہوگا۔ عمومی سطح پر لوگوں کا ذہن بنا کر ان کو آمادہ کرنا ہوگا۔ اس ملک میں اگر ہم اس کے عادی نہیں ہوئے تو ہم ہمارے بچوں کو معیاری تعلیم بھی نہیں دے سکیں گے اور اسلامی تہذیب و ثقافت میں بھی نہیں ڈھال سکیں گے، ایسی کوششیں ہمارے اکابرین کر چکے ہیں اور خدا رب العزت کی توفیق سے وہ ان میں کامیاب بھی ہوئے ہیں، اگر ہم بھی اخلاص کے ساتھ اس کا عظیم کو کریں گے تو ضرور مددگار مولیٰ ہماری مدد کرے گا اور ہمارے معصوم بچے کفر و شرک کے اس زہر سے نجات پالیں گے جو مادی زہر سے کئی گنا زیادہ ہلاکت خیز ہے اور ارتداد و الحاد زدہ نصاب تعلیم سے محفوظ رہ جائیں گے۔   {ان تنصروا اللہ ینصر کم ویثبت اقدامکم}

محبوب فروغ احمد قاسمی

بہار کا قافلۂ رشد و ہدایت

اسلام ایک ابدی مذہب ہے جو زندگی کی پوری تازگی اور توانائی سے لبریز ہے،اس زندگی اور توانائی کو برقرار رکھنے کے لئے ہر دور میں ایسی شخصیتوں کا وجود ضروری ہے جو خود بھی ربانی صفات سے لیس ہوں اور دوسروں کو بھی روح کی غذائیت اور معنویت کی خوراک مہیا کر سکیں۔ خدا کا شکر ہے کہ ان ربانی صفات کی حامل جماعت ہر دور میں اور ہر خطہ میں پائی جاتی رہی ہے اور جہاں جیسی ضرورت ہوتی رہی وہاں ویسی ہی شخصیتیں جنم لیتی رہیں،یہ بھی اسلام ہی کا امتیاز ہے جو اس کے زندہ اور کامل و مکمل دین ہونے کی علامت ہے ورنہ پچھلے ادیان کے فنا ہونے کا راز یہی ہے کہ یا تو ان کو ایسے اشخاص نہ ملے یا ایسے لوگ جو اپنے دین و مذہب کے لئے مضر ثابت ہوئے ،جنہوں نے محض ہوسِ نفسانی کی تسکین کی خاطر دشمنوں سے بھی ساز باز کرنے سے دریغ نہ کیا۔

"خطۂ بہار" دریاؤں کی روانی اور ہواؤں کے جھونکوں پر آباد ایک پُر بہار علاقہ ہے جو مردم خیزی اور زرخیزی کی افزائش میں مشہور و معروف ہے، ہر ہر دور میں علمی وقار کی ضمانت اور علمی و فکری سیادت و قیادت میں وافر حصہ رہا ہے۔

چونکہ "بہار" "ویہار" کا ایک تلفظ ہے "ویہار" بدھ مذہب کی تعلیمی خانقاہوں کا نام ہے،اس مذہب کی تعلیم گاہوں کی اس صوبے میں اکثریت تھی حتیٰ کی بعض تعلیم گاہوں میں بیک وقت بارہ بارہ ہزار طلبہ کی تعداد ہو جاتی تھی اس لئے اس صوبے کو "بہار" سے تعبیر کیا گیا۔ (ماخوذ از :ہندوستان میں مسلمانوں کا نظام تعلیم و تربیت :۱/۲۹)

اس لحاظ سے "بہار" ہر دور میں خانقاہی اور تعلیمی آماجگاہ رہا ہے،اور یہاں کی خانقاہیں اور مدرسے

تبلیغی مساعی اور دعوتی جدوجہد میں پیش پیش رہے ہیں، بالخصوص خانقاہوں نے صرف اس خطے ہی میں نہیں بلکہ ہر جگہ مدارس سے نسبتاً بہتر نقوش لوگوں کے دلوں پر قائم کئے، جناب سید صباح الدین عبد الرحمٰن تجزیہ کرنے کے بعد لکھتے ہیں :

‘‘اور یہ حقیقت ہے کہ اچھی معاشرت، اچھے صلحاء اور صوفیاء کے طفیل ہی بنتی رہی، اکثر صوفیاء انابت، عبادت اور ریاضت شاقہ کے بعد تمکین وتلوین، مجاہدہ ومشاہدہ کی منزلیں طے کرکے اور عالم ملکوت وجبروت ولاہوت کی دولت سمیٹ کے خانقاہوں میں رشد وہدایت کے لئے بیٹھ جاتے ہیں تو ان کی ذات تجلی ربانی وروحانی کی ایک شمع بن جاتی ہے اور لوگ پروانہ وار ان کے ارد گرد جمع ہو جاتے ہیں اور وہ لوگوں کے اخلاق وسیرت کو اپنے اعلیٰ کردار کے عملی نمونہ سے سنوارنے کی کوشش کرتے ہیں، اور یہ تسلیم کرنا پڑے گا کہ مسلمانوں کے اعلیٰ اخلاق کی تعلیم کا مرکز علماء کا حلقہ درس وتدریس یا ان کا مسکن نہیں رہا اور نہ سلاطین کے درباروں میں اس کے جلوے دکھائے دیئے، بلکہ مسلمانوں کے اخلاق حمیدہ کی تعلیم صوفیاء کرام کی خانقاہوں میں ہوئی اور جب یہاں کے غیر مسلم باشدے مسلمان حکمرانوں کی تلوار کو اسلام کی تلوار سمجھ کر اسلام سے آزردہ اور خوف زدہ ہو رہے تھے تو ان فقر وفاقہ والے بزرگوں کے تزکیۂ باطن اور تہذیبِ نفس کو دیکھ کر ان کے دلوں پر اسلام کی سچی عظمت وشوکت قائم ہوگئی’’
(ہندوستان کے سلاطین علماء اور مشائخ کے تعلقات پر ایک نظر : ١٣٦-١٣٧)

ہم بہار کے تعلق سے داعی علماء اور با کردار صوفیاء کی آمدورفت کا آغاز چھٹی ہجری سے پاتے ہیں، شیخ شرف الدین احمد بن یحیٰی منیریؒ کے جد امجد ‘‘محمد تاج فقیہ’’ قدس خلیل سے ٥٧٦ھ میں قصبۂ منیر ضلع پٹنہ میں فروکش ہوتے ہیں بعد ازاں وہاں کے راجہ سے جنگ کرکے فتح مندی حاصل کرتے ہیں پھر اپنے صاحب زادگان کو قائم مقام بنا کر خود بیت المقدس روانہ ہو جاتے ہیں۔

گویا یہ پہلی کوشش تھی جن کا آغاز خاندان ‘‘منیر’’ کے ہاتھوں ہوا، سیرت الاشرف کے مؤلف نے یہاں ایک قطعۂ تاریخ نقل کیا ہے ؎

یافت چوں بر راجہ منیر ظفر   داد امام ازوین جہانے رانوی

ہست منقول از بزرگان سلف   سال آن دین محمدی شرقدی

گویا یہ علاقہ شہاب الدین غوری کی فتح ہند ٥٨٨ھ سے بیشتر ہی اسلام کے نور سے منور ہو چکا تھا اور مسلمان غزنویوں کے عہد ہی میں بہار وبنگال میں پہونچ گئے تھے۔

(ماخوذ از تاریخ دعوت وعزیمت : ٣/ ١٢٨-١٢٩)

قاضی پیر جگ جوت

البتہ تاریخی تسلسل کے لحاظ سے سب سے پہلا نام قاضی پیر جگجوت کا ملتا ہے، آپ ایک عالی خاندان سادات جعفری سے تعلق رکھتے تھے، آپ کا خاندان کئی پشتوں سے ''کاشغر'' کی فرماں روائی کرتا آ رہا تھا ء۵۸۵ھ میں پیدا ہوئے، حضرت نجم الدین کبریٰ کے حلقۂ درس سے علوم ظاہری و باطنی کی تکمیل کر کے سلطنت کو سنبھال لیا تھا مگر جذبۂ الٰہی اور عشق حقیقی نے چین سے بیٹھنے نہیں دیا، سب کچھ چھوڑ چھاڑ کر مع اہل و عیال لاہور ہوتے ہوئے ''بہار'' کے علاقہ ''منیر'' یا ''حاجی پور'' میں فروکش ہوئے پھر اپنے سمدھی حضرت آدم صوفی کی درخواست پر پٹنہ کے قریب مقام ''جیٹھلی'' میں مستقل اقامت کر لی، کل ۹۶ بہاریں دیکھنے اور بہت سے بندگانِ خدا کا رب حقیقی سے رشتہ جوڑنے کے بعد ۲۱ ذی قعدہ ۶۶۱ھ میں انتقال فرما گئے۔ (نزھۃ الخواطر : ۱/ ۱۲۰)

حضرت شیخ پیر جگجوت ، شیخ شہاب الدین سہروردی کے مریدوں میں سے تھے ، آپ نے ''جگجوت'' (دنیا کی روشنی) سے شہرت پائی، آپ کے خاندان سے رشد و ہدایت کا خوب کام ہوا، آپ ہی کے نواسے ہیں شیخ شرف الدین یحییٰ منیری اور شیخ احمد چرم پوش جن سے صرف بہار ہی مستفید نہیں ہوا بلکہ اکناف و اطراف کی تمام آبادی جگمگا اٹھی، گویا ہر طرف ایک ہی غلغلہ باقی رہا۔

صد کتاب و صد ورق در نار کن
سینہ را از نورِ حق گلزار کن

شیخ یحییٰ منیری

آپ شیخ شرف الدین یحییٰ کے والد اور فاتح منیر تاج محمد فقیہ کے بڑے صاحبزادے مخدوم شاہ اسرائیل منیری کے صاحبزادے ہیں، آپ ''قدس خلیل'' میں ۵۷۲ھ میں پیدا ہوئے، چار سال کی عمر میں اپنے دادا کے ساتھ نقل مکانی کر کے بہار چلے آئے، شیخ شہاب الدین سے بیعت ہوئے بعد میں خلافت بھی ملی، آپ کی بزرگی کا شہرہ دور و نزد یک خوب ہوا، خلقِ خدا نے آپ سے رشد و ہدایت کا درس لیا، ۱۱۸ سال کی عمر میں جمعرات کے روز، ۱۱ شعبان ۶۹۰ھ میں انتقال ہوا۔

شیخ شرف الدین یحییٰ منیری

احمد بن یحییٰ، شرف الدین کے لقب اور مخدوم الملک کے خطاب سے مشہور ہیں، آپ کا پدری سلسلہ

نسب حضرت عبداللہ بن زبیر تک جاتا ہے اس طرح ہاشمی قریشی ہوئے ۔

شعبان کے آخری جمعہ ۶۶۱ھ کو قصبہ ''منیر'' میں پیدا ہوئے ،تاریخ ولایت ''شرف آئینمیں'' سے نکلتی ہے ،آپ نے ابتدائی مکتبی تعلیم اپنے قصبہ میں حاصل کی ، مزید علمی تشنگی کی آبیاری کے لئے اس وقت کے مشہور ترین عالم مولانا شرف الدین ابوتوامہ دہلی کے پاس تشریف لے گئے جس کا واقعہ یہ پیش آیا:

شیخ ابوتوامہ دہلی میں درس و تدریس میں مشغول تھے ،غیاث الدین بلبن کے دور میں بعض حاسدوں کی ریشہ دانیوں کی وجہ سے ترک وطن پر مجبور ہوئے ،چنانچہ ''بہار شریف'' کے راستے ہندوستان کے آخری سرحدی سنارگاؤں کا قصد کیا ،قصبہ منیر کے باشندگان نے بڑھ کر استقبال کیا ، چنانچہ شیخ نے کچھ دنوں قیام کرکے سنارگاؤں کوچ کیا ،شیخ کے صلاح وتقویٰ کا شہرہ ہوا تو شیخ شرف الدین بھی متأثر ہوئے ، بالآخر ماں سے اجازت لے کر سنارگاؤں تشریف لے گئے اور جب تک علوم ظاہری کی تکمیل نہ کی گھر نہ لوٹے ،استاد بھی شاگرد سے متأثر تھے چنانچہ اپنی صاحبزادی سے شادی کردی ،ان سے ایک لڑکا پیدا ہوا، اتنے میں والد کے انتقال کی خبر ملی اور آپ وطن لوٹ آئے ۔

شیخ کی تلاش

حضرت مخدوم نے علوم ظاہری پر اکتفا نہیں کیا باطنی کمال کے حصول کے لئے ۶۹۱ھ میں دہلی کی طرف نکل پڑے ،دہلی اس وقت علماء وصوفیاء کا قابل دید وقابل ذکر مرکز تھا ،آپ نے ہر شیخ کا ناقدانہ جائزہ لیا لیکن سیری نہیں ہوئی آخر میں شیخ نجیب الدین فردوسی کے یہاں پہونچے پہلی ہی ملاقات میں اس حد تک متأثر ہوئے کہ ساری زندگی اسیر ہوکر رہے ،تھوڑے عرصہ میں شیخ نے خلعت خلافت عطا کی اور تاکید کی کہ اس کو قبول کریں ،رخصت کرتے ہوئے تاکید کردی کہ اگر کوئی بری خبر ملے تو لوٹنے کی ضرورت نہیں چنانچہ یہی ہوا ابھی دو ہی منزل طے کی تھیں کہ شیخ کی وفات کی خبر آئی لیکن شیخ کی تاکید کی وجہ سے سفر کو جاری رکھا۔

جنگل کی راہ

لیکن شیخ نے جو چنگاری مخدوم صاحب کے دل میں چھوڑ دی تھی رخصت ہوتے ہوئے ایک چوٹ سی لگی ابھی آپ ''منیر'' سے کوئی تیس میل دور ضلع آرا کے مقام ''بہیّا'' پر تھے کہ مور کی چنگھار سنی ،دل میں ہوک پیدا ہوئی، گریبان چاک کرکے جنگل کی راہ لی ،ساتھ میں آپ کے بڑے بھائی و دیگر رفقاء تھے ، بہت تلاش کیا جب مایوس ہوگئے تو شیخ نجیب الدین کے تمام برکات والدہ کی خدمت میں پہونچا کر حالات

سنا دیئے، بارہ برس تک ''بہیا'' کے جنگل میں رہے، راجگیر کے جنگل میں بھی دیکھے گئے، ایک قول کے مطابق تیس سال جنگلوں میں رہے۔   (بزم صوفیہ: ۴۰۷)

بڑی کوششوں کے بعد آبادی میں آسکے۔ سلطان محمد تغلق جو ۷۲۵ھ میں تخت نشیں ہوا، شریعت کا پابند بادشاہ، خلق خدا سے عشق کی حد تک دلچسپی رکھنے والا تھا، اس نے بجبر و اکراہ خانقاہ تعمیر کروائی اور جاگیر الارٹ کی جو شاہ کی وفات کے بعد بصد اصرار حضرت مخدوم نے واپس کردی اس طرح ۷۲۴ھ تک نصف صدی سے زائد کا عرصہ آپ خلق خدا کی ہدایت فرماتے رہے، بعض حضرات کے بقول اس عرصہ میں ایک لاکھ سے زائد انسان آپ کے حلقۂ ارادت میں داخل ہوئے، متعدد ہندوؤں اور مرتاض جوگیوں نے اسلام قبول کیا۔

تربیت کا راز

تذکرہ نگاروں نے دو اہم ذریعہ اس سلسلہ میں درج کئے ہیں جن سے آپ کی مساعی جلیلہ میں نکھار آیا، اور روز افزوں گرفت مضبوط ہوتی گئی۔

(۱)   آپ کی مجلس میں ہر کسی کو شرکت کی اجازت نہ تھی بلکہ ہر قسم کے اشکالات پیش کرنے پر شاباشی بھی دی جاتی تھی، اس طرح ہزاروں دلوں کے شکوک و شبہات ایک ہی مجلس کی چند ساعتوں میں کافور ہو جایا کرتے

(۲)   لیکن جو حضرات مجلس میں شرکت کسی وجہ سے نہ کر سکتے ہوں تو ان کے لئے آپ کے مکتوبات نے رشد و ہدایت میں اہم رول ادا کیا، سلوک و طریقت کے بیش بہار موز و نکات، اور عالم تصوف کے لعل و گہر سے لبریز یہ مکتوبات حضرت مجدد الف ثانی کے مکتوبات کے بعد دوسرے نمبر پر سمجھے جاتے ہیں، جن میں علوم و معارف سمیت اصلاح و درستگی کا بے نظیر خزانہ سمیٹ کر رکھ دیا گیا ہے۔

آپ کے تجدیدی کارنامے صوفیہ کے حلقے میں

اس دور کے سالکین میں ایک غلط خیال یہ پھیل چکا تھا کہ ولایت کا درجہ نبوت سے بڑھا ہوا ہے کیوں کہ نبوت کا موضوع دعوت ہے جس کا تعلق خلق سے ہے، جب کہ ''ولی'' کا اصل منشاء توجہ الی الحق اور انقطاع عن الخلق ہوتا ہے اور یہ لازمی بات ہے کہ متوجہ الی الحق اعلٰی و ارفع مانا جاتا ہے متوجہ الی الخلق سے۔

حضرت مخدوم نے اپنے خطوط میں اس غلط خیال کی پر زور تردید کی ہے، کیوں کہ اس سے بہرحال نبوت کی تحقیر لازم آتی ہے، آپ نے صاف صاف بیان کیا کہ نبی ہر حال میں ولی ہوتا ہے جب کہ ولی کا نبی

ہونا ضروری نہیں ہے ، بلکہ اب ولی نبی نہیں ہوسکتا نیز نبی کی ایک ساعت پر ولی کی عمر بھر کی ساعتیں اگر۔
قربان ہوں تب بھی مقابلہ نہیں ہوسکتا ہے ، ایک مکتوب میں لکھتے ہیں :

''باتفاق جملہ مشائخ طریقت رضوان اللہ تعالیٰ علیہم اجمعین تمام اوقات و احوال
میں اولیاء پیغمبروں کے تابع ہیں اور انبیاء اولیا سے افضل ہیں جو ولایت کی نیابت ہے وہ
نبوت کی ہدایت ہے ، تمام انبیاء ولی ہوتے ہیں لیکن اولیاء میں سے کوئی نبی نہیں ہوتا علماء
اہلسنت والجماعت اور اس طریق کے محققین میں اس مسئلہ کے بارے میں کسی کا اختلاف نہیں
، ہاں ملحدین کا ایک گروہ کہتا ہے کہ اولیاء انبیاء سے افضل ہیں''

نیز تصوف کے بعض حلقوں میں اس بات پر بھی یقین تھا کہ شریعت کی پابندی ایک خاص وقت تک
محدود ہے ، جب مرتبۂ یقین حاصل ہوجائے تو سالک شریعت کی پابندی سے آزاد ہوجاتا ہے ، حضرت مخدوم
نے اپنے مکتوب میں ایک نرالے انداز اور ایک تمثیلی بیان سے سمجھایا ہے کہ زندگی کی آخری رمق باقی رہنے
تک شریعت کی پابندی ضروری ہے ۔   (تفصیل کے لئے دیکھئے : تاریخ دعوت وعزیمت : 3۔77تا305)

خواجہ نصیرالدین چراغ دہلوی نے جب مکتوبات صدی و دوصدی کا مطالعہ فرمایا تو کہا :

''سبحان اللہ : شیخ شرف الدین یحییٰ منیری نے ہم لوگوں کے صد سالہ کفر کو تمثیلی پر رکھ دیا ہے''

(مناقب الاصفیاء : ص 104)

اسی طرح حضرت سید جلال الدین بخاری جہانیان جہاں گشت سے ان کی آخر عمر میں دل چسپی کا
امر پوچھا گیا تو فرمایا : شیخ منیرالدین کے مکتوبات کا مطالعہ کرتا رہتا ہوں''

مناقب الاصفیاء میں ہے : ''جہاں نیاں جہاں گشت'' حضرت مخدوم کے تعلق سے فرمایا کرتے
تھے : ''بوئے عشق از طرف بہار می آید''   (مناقب الاصفیاء ، ص 141)

شہنشاہ سلوک نے اس طرح علمی و روحانی فیض پہونچا کر 768ھ میں بعہد فیروز شاہ تعلق دار فانی
کو خیر آباد کہا اور ہمیشہ کے لئے اسی رب حقیقی کے جوار میں پہونچ گئے جن تک پہونچانے کے لئے زندگی کے
لمحات کو وقف کر رکھا تھا۔

خاندان منیر کے ایک اور چشم و چراغ مخدوم شیخ احمد چرم پوش

خاندانِ منیری کا ہر فرد اپنی جگہ پیر مغاں پیر مغاں معلوم ہوتا ہے ، انہی میں ایک نام مخدوم شیخ چرم پوش کا

ہے، آپ پیر جگجوت کے نواسے اور مخدوم شرف الدین یحیٰی منیری کے خالہ زاد بھائی ہیں، آپ کے والد کا نام موسٰی حمدانی ہے، آپ ۵۷۶ھ میں پیدا ہوئے علومِ ظاہری کی تکمیل کے بعد شیخ سلیمان مہسوی کی خدمت میں حاضر ہوئے، با قاعدہ بیعت شیخ سلیمان کے خلیفہ علاء الدین علاء الحق سہروردی سے تھے، آپ نے تبلیغ دین اور اشاعتِ اسلام کو اپنا فریضہ سمجھا، چنانچہ اس کام کے لئے انہوں نے دور دراز کی بادیہ پیمائی کی، آپ کی شہرت ہندوستان بھر میں تھی، فیروز شاہ تغلق کے حالات میں لکھا ہے کہ وہ بھی ''بہار شریف'' محض آپ کے یہاں حاضری کے لئے آیا کرتا تھا، وصال ۲۶ صفر سہ شنبہ ۷۶۱ھ کو ہوا، بہار شریف میں مدفون ہیں ۔

دسویں صدی کا اختتام اور ہندوستان کی زبوں حالی

ایک طرف ہندوستان دسویں صدی کو مکمل کر رہا تھا اور مسلمانون کے عہدِ زریں کا ایک سنہرا باب لکھا جانے ہی والا تھا کہ اچانک اکبر بادشاہ کی تخت نشینی، گرد و نواح کی بے راہ روی اور خواہشات کے نت نئے روپ نے ''دینِ الٰہی'' کا شوشہ چھوڑا جس سے ہندوستان ہی نہیں پورا عالمِ اسلام ششدر ہو کر رہ گیا، اللہ پاک نے حضرت مجدد الف ثانیؒ کو اس گندے، پر اگندے اور زہر آلود ماحول کو پاکیزہ بنانے کے لئے کمر بستہ کیا، پورے وثوق سے کہا جا سکتا ہے کہ فتنۂ ''دینِ الٰہی'' اور الحادا کبری کو ختم کرنے میں جس قدر حضرت مجدد صاحب کی شبانہ روز کوششوں کو دخل ہے وہ انہی کا حصہ تھا جو ان پر ہی ختم ہو گیا، آپ ہی کی کوششوں کا نتیجہ تھا کہ اکبر کے بعد جہانگیر پھر شاہ جہاں اور اخیر میں عالمگیر اورنگزیب میں بتدریج دینی استقامت اور مذہبی پختگی کی شان پیدا ہو گئی، حضرت عالمگیر کا دور ایک سنہرا دور ہے اسلام کی اشاعت اس دور میں حکومت کی سرپرستی میں ہوئی جس سے بعد کی تاریخ خالی نظر آتی ہے، پروفیسر ''جدوناتھ'' سرکار اپنی مشہور تاریخ ''اورنگ زیب'' کا آغاز ان الفاظ میں کرتے ہیں :

''اورنگ زیب کی تاریخ عملاً ہندوستان کی شصت سالہ تاریخ ہے خود اس کا عہد حکومت (۱۶۵۸ تا ۱۷۰۸) سترھویں صدی کے منتصف آخر پر حاوی ہے اور ہمارے ملک کا اہم تاریخی زمانہ ہے، یہ اسی بادشاہ کا ورود مسعود تھا جبکہ حکومت مغلیہ اپنے انتہائی عروج کو پہونچی اور ابتدائے عہد تاریخ سے برطانوی حکومت کے قیام تک کے زمانہ میں شاید یہ واحد حکومت ہے جس نے اتنی وسعت حاصل کی ،غزنی سے لیکر چاٹگام تک اور کشمیر سے لیکر کرنا ٹک تک تمام ملک ایک ہی بادشاہ کے زیر نگیں تھا، اور لاؤک و مالا بار کے دور دراز مقامات پر بھی اسی بادشاہ کا خطبہ پڑھا جاتا تھا، اسلام کی آخری سب سے بڑی ترقی کا یہی زمانہ تھا'' (علماء ہند کا شاندار ماضی ۱/ ۴۷۶)

گویا کہ عالمگیر اورنگ زیب کا دینی رجحان اور ایمانی جذبہ پورے ملک میں کام کر رہا تھا، لیکن یہ غور کرنا ہے کہ عالم گیر کی روح کو صیقل کس نے کیا؟ اس کے لئے جب ہم ان کے بچپن کے حالات کو پڑھتے ہیں تو عجیب و غریب انکشاف ہوتا ہے۔

اساتذہ کا کردار

عالمگیر ایک شاہی خاندان کے بچے تھے جو شاہ جہاں کے گھر پیدا ہوئے، شاہ جہاں کی خوش بختی تھی کہ انہوں نے اپنے بیٹے کی تعلیم و تربیت پر توجہ دی، چنانچہ ملک کے مختلف گوشوں کے باصلاحیت دینی جذبہ سے سرشار علماء کو دعوت دی چنانچہ انہی باصلاحیت اور تاریخ ساز شخصیتوں میں میر محمد ہاشم گیلانی اور ملا محسن بہاری کا نام ملتا ہے، ان حضرات کی تو جہ خاص سے ملحد گھر میں پیدا ہونے والا بچہ بعد میں مجد دملت ثابت ہوا، ایک داعی سینکڑوں اور لاکھوں انسانوں کو راہِ راست پر لا کر بھی وہ کام نہیں کر سکتا جو کام عالمگیر کے اساتذہ نے باطن کو مانجھ کر اور اسلام کی صحیح تصویر کشی کر کے کیا۔

اور یہ کوئی عالمگیر ہی کے ساتھ بہار کے علماء کا برتاؤ نہیں رہا، بلکہ دارالسلطنت سے دور ہونے کے باوجود ہر دور میں ''بہار'' کے علماء دارالسلطنت میں تعلیم و تربیت میں مشغول نظر آتے ہیں، عالمگیر کے بعد شاہ عالم نے اپنے عالی گوہر کا استاد مولوی سراج الدین کو مقرر کیا، جو عظیم آباد ''پٹنہ'' سے کچھ دور کے فاصلے پر واقع ''فرید پور'' کے رہنے والے تھے، اسی طرح زیب النساء کے اساتذہ میں ملا سعید کا نام ملتا ہے جو مونگیر میں مدفون ہیں، اسی زمانہ کے شیخ بڈھ حقانی ایک مشہور عالم ہیں جن کی جوتیاں شیر شاہ سوری سیدھی کر کے فخر محسوس کرتا تھا۔ (دیکھئے: نظام تعلیم و تربیت مولانا گیلانی، ج ۲ / ۲۹۷ ۔ ۲۹۸)

مولانا شہباز محمد بھاگلپوری اور اشاعتِ اسلام و تکمیل احسان

حضرت مولانا شہباز محمد بھاگلپوری ۹۵۶ھ میں ہمایوں بادشاہ کے عہد میں ''دیوار'' میں پیدا ہوئے، شیخ شاہ محمد دیوری سے علم حاصل کیا، طریقت کا درس شیخ یاسین سلمانوی سے لیا، جب آپ کی عمر تیس سال کو پہونچی تو بھاگلپور منتقل ہو گئے، نیز ''ملا چک'' نامی جگہ پر سکونت اختیار کی، آپ نے ایک مدرسہ ''شہبازیہ'' کے نام سے قائم کیا، جس کا تذکرہ ڈبلو ڈبلو ہنٹر کی تحریر میں بھی ملتا ہے، فتاویٰ عالمگیری کے مرتبین میں سے شیخ رضی الدین اسی مدرسہ کے پروردہ اور فیض یافتہ ہیں ''تذکرہ صادقہ'' کے مؤلف نے لکھا ہے کہ حضرت مولانا سے صدہا طالب علم فیض یاب ہوئے اور بلند منازل پر پہونچے اور صدہا حضرات آپ کی صحبت میں رہ کر اولیائے کاملین میں شامل ہوئے۔

آپ کی اصلاحی کوششوں اور تبلیغی مساعی کا تذکرہ کرتے ہوئے تذکرہ علماء بہار کے مصنف نے لکھا ہے:

"حضرت مولانا نے بنگال اور بہار میں اشاعت اسلام کی بڑی خدمت کی، آپ کی خانقاہ سے محبت اور اخوت کی تعلیم ہندوستان کے بیشتر حصوں میں پہنچی، سیالکوٹ، ڈھاکہ، پنڈوہ، میدنی پور، بردوان، تیگھڑہ، پٹنہ اور انبالہ کے قرب و جوار کے علاقے اسلام اور روحانیت روشن ہوئے" (تذکرہ علماء بہار: ۱۲۱/۱)

اس کے ساتھ ساتھ درس و تدریس میں انہماک عشق کی حد تک تھا حتٰی کہ آخری وقت میں "مشکوٰۃ" کا درس دے کر فارغ ہوئے اور روح پرواز کر گئی، یہ واقعہ ۱۶ صفر ۱۳۵۰ھ، ۱۹۴۰ء کو پیش آیا، بھاگلپور میں مدفون ہیں۔

خانقاہ مجیبیہ کا سرخیل شیخ مجیب اللہ پھلواروی

کاروان سلوک و عرفان کا قافلہ رشد و ہدایت ہمہ دم عازم سفر ہے، ہر صبح ایک نئی صبح ہوتی ہے، اور ہر شام ایک نئے عزم و حوصلہ کا پیغام، ایسے ہی بندگان خدا ترس میں ایک نام تاج العارفین شیخ مجیب اللہ بن ظہور اللہ جعفری پھلواروی کا ہے، آپ ۱۱ ربیع الثانی ۱۰۹۸ھ مطابق ۱۴ فروری ۱۶۸۷ء بروز دوشنبہ کو پیدا ہوئے ابتدائی کتابیں اپنے پھوپھا شاہ برہان الدین سے پڑھیں، ۱۱۰۵ سے ۱۱۱۵ھ تک دس سال خواجہ عماد الدین قلندر کے درس میں رہے متوسطات کی تکمیل کے بعد حضرت مخدوم پھلواروی کے ساتھ بنارس تشریف لے گئے اور حضرت مولانا سید وارث رسول بنارسی سے اکتساب فیض کیا، اجازت و خلافت ملنے کے بعد اپنے وطن پھلواری میں مستقل سکونت اختیار کی، خواجہ عماد الدین نے بھی بیعت کی اجازت دی، بلکہ اپنے مریدین و معتقدین بھی آپ کے حوالے کر دیے، آپ نے ایک خانقاہ کی بنیاد رکھی جو اب تک خانقاہ مجیبیہ کے نام سے جانی جاتی ہے، خانقاہ مجیبیہ نے پورے ہندوستان کی عام طور پر اور صوبۂ بہار کی خاص طور پر ہدایت کا سامان مہیا کیا، بلکہ ہر مشکل وقت میں مناسب حال اقدام کیا، اس خانقاہ سے رشد و ہدایت کے ایسے چشمے جاری ہوئے جس نے دلوں کو صیقل اور روح کو مانجھ کر عشق حقیقی کی آگ بھڑکا کر رکھ دی، اس خانقاہ کے منتسبین کی فہرست طویل ہے، جس کے لئے ایک ضخیم کتاب درکار ہے، ماضی قریب میں اس سلسلہ میں کوشش ہوئی بھی ہے اور مزید کی جمع و ترتیب کے لئے کوشاں بھی ہیں، امارت شرعیہ بہار و اڑیسہ جھارکھنڈ کا تاسیسی بیج دراصل اسی خانقاہ میں بویا گیا جس کے پہلے امیر شریعت شاہ محمد بدر الدین قادری پھلواروی (پیدائش ۲۷ جمادی الآخرہ ۱۲۶۸ھ، وفات: ۱۳۴۳ھ) ہیں جو اسی خانقاہ کے پروردہ اور اسی سلسلۂ مجیبیہ کے چشم و چراغ

ہیں ۔(جاری)

حضرت مولانا محمد احسن گیلانی اور اصلاح باطن

حضرت مولانا محمد احسن گیلانی بھی ان با خدا اور اصحابِ دل بزرگوں میں سے ہیں جن سے خلقِ اللہ کی اصلاح کا کام بہت ہوا، آپ گیلانی حال ضلع نالندہ میں پیدا ہوئے، مولانا مناظر احسن گیلانی کے جد امجد ہیں، متوسطات تک کی تعلیم حضرت مولانا نعمت اللہ نبی نگری سے مظفر پور میں حاصل کی ، معقولات مفتی واجد علی ابراہیم بنارسی اور فقہ وحدیث مولانا اکبر علی رامپوری نیز مولانا عالم علی حسینی بگینوی سے پڑھیں، ۱۳۱۲ ھ، ۱۸۹۴ء میں وفات پائی۔

’’گیلانی‘‘ ایک چھوٹا سے قصبہ ہے اس کا نام محی الدین پور گیلانی ہے چنانچہ قدیم سرکاری کاغذات میں یہی نام درج ہے، بعد میں محی الدین پور کو حذف کر دیا گیا، مولانا محمد احسن گیلانی اپنی ذات میں ایک مدرسہ تھے جہاں طلبہ دور ونزدیک سے کھنچے چلے آتے، حضرت مولانا مناظر احسن گیلانی نے اس دارالعلوم کا حال لکھا ہے:

’’حضرت مولانا محمد احسن گیلانی مرحوم نے اس گاؤں میں تقریباً تیس پالیس سال درس وتدریس کا بازار گرم رکھا، نہ صرف بہار بلکہ ہندوستان کے دوسرے علاقوں حتی کے سرحد کابل تک سے طلبہ کی ایک اچھی خاصی تعداد مولانا سے پڑھنے کے لئے آئی‘‘

(ہندوستان میں نظام تعلیم وتربیت:۱/ ۴۲۶، حیات گیلانی ص ۳۰ تا ۳۶)

اسی مدرسہ کا فیض مولانا عبد اللہ پنجابی ، مولانا رفیع الدین شکراواں، مولانا عبد الغفور رمضان پوری، مولانا حکیم عبد السلام بھا گلپوری، مولانا حکیم دائم علی ٹونکی وغیرہ بیسیوں مشاہیر کی شکل میں متشکل ہوا۔ مولانا عبد اللہ پنجابی جنہوں نے بعد میں گیلان کو اپنا وطن بنالیا تھا ان کے حالات میں لکھا ہے کہ بہار کے اضلاع: پٹنہ ومونگیر، خصوصاً ضلع مونگیر میں جو کام انجام دیا وہ یادگار رہے گا، خدا جانے کتنے مسلمانوں کے گھر سے بت نکلوائے اور شراب وتاڑی سے لوگوں کو تائب کیا، آخر میں آپ کے دستِ حق پرست پر ضلع مونگیر کے ایک راجہ آف مرچا جانے اسلام قبول کیا (ہندوستان میں نظام تعلیم وتربیت:۱/ ۴۲۶)

خانقاہ رحمانی مونگیر کا بافیض داعی وصوفی، حضرت مولانا مونگیری

حضرت مولانا محمد علی مونگیری سے کون ناواقف ہوگا، آپ نے کار ہائے نمایاں انجام دیئے، آپ شیخ عبد القادر جیلانی کے خانوادے کے چشم و چراغ ہیں، ۲۳واسطوں سے آپ شیخ جیلانی سے جا

ملتے ہیں، آپ کے اجداد میں ایک شیخ طریقت ابوبکر چرم پوش ہیں، وہ ملتان سے ہندوستان کے ضلع مظفر نگر آئے، پھر بعد کے جد امجد کانپور منتقل ہوگئے، مولانا مونگیری اسی کانپور میں ۳ شعبان ۱۲۶۲ھ، ۲۸ جولائی ۱۸۴۶ء کو پیدا ہوئے، والد سید عبدالعلی کا انتقال ۲ سال کی عمر میں ہوگیا، ۷۲ھ ۱۸۶۰ء میں مدرسہ فیض عام میں داخل کئے گئے، مفتی عنایت احمد سے ان کی اپنی کتاب "علم الصیغہ" پڑھی، علم حدیث وقت کے نامور محدث مولانا احمد علی سہارنپوری سے حاصل کیا، بیعت و ارشاد کا تعلق حضرت فضل رحمان گنج مراد آبادی سے رہا۔

حضرت مولانا محمد علی مونگیری نے جس ماحول میں آنکھ کھولی تھی کہ ہند پر برطانوی سامراجیت کا دب دبہ تھا، پورا عالم اسلام سیاسی زوال کا شکار ہو چکا تھا اور فکری اضحلال کے منوں مٹی تلے دبا جا رہا تھا، اسلامی تہذیب اور اسلامی علوم موت و زیست کی کش مکش میں تھے، نئے نئے فتنے اٹھ رہے تھے، نئی نئی تحریکیں جنم لے رہی تھیں، عیسائیت کی مشنریاں پورے ملک میں پھیلی ہوئی تھیں، اور جھوٹے مدعی نبوت کے کارندے ہر جگہ اپنا جال پھینک رہے تھے، بہار پر اس کی یورش کچھ زیادہ ہی شدید تھی، بھاگلپور و مونگیر اس کی لپیٹ میں پوری طرح آ چکے تھے، لیکن حضرت مولانا محمد علی مونگیری کی کوششوں سے یہ فتنہ ان علاقوں سے ختم ہوا، اسی پس منظر میں آپ کو ۱۳۲۰ھ ۱۹۰۲ء میں کانپور کو چھوڑ کر "مونگیر" کو اپنا وطن بنانا پڑا، ندوۃ العلماء لکھنؤ جیسے باوقار تعلیمی ادارہ کی تاسیس کے بعد مونگیر میں ایک فعال خانقاہ کی بنیاد ڈالی، جو اپنے وقت تاسیس سے لیکر ہنوز رشد و ہدایت اور اصلاح و تبلیغ کا روشن چراغ فروزاں کیے ہوئی ہے۔ مولانا شاہ سجل حسین بہاری "کمالات رحمانی" میں لکھتے ہیں :

"مولانا فضل رحمان قدس سرہ کی فقیری اور مولویت کو بجز مولوی محمد علی صاحب خلیفہ اعظم کے کسی نے نہیں پھیلایا، چار لاکھ کے قریب مریدین آپ کے ہیں"

(کمالات رحمانی ص ۵۲ بحوالہ : مولانا محمد علی مونگیری ص ۳۶۷)

۱۳۲۰ھ سے رجوم عام ایسا ہوا کہ گویا لوگ منتظر ہی بیٹھے تھے، آپ کا قدم مبارک جس بستی اور جس گاؤں میں پہونچا کایا پلٹ ہوگئی، فسق و فجور، بد دینی ولا دینی کی جگہ عبادت و ریاضت، دعوت و تبلیغ کے سوتے بہنے لگے حضرت مولانا علی میاں ندوی لکھتے ہیں :

"جو لوگ نماز سے دور بھاگتے تھے اور شراب وغیرہ کے عادی تھے وہ نہ صرف خود نمازی ہوگئے بلکہ نماز کے داعی اور مبلغ بن گئے اور ان کو خدا سے ایسا تعلق اور رابطہ پیدا ہوگیا جو اتقیاء و صلحاء کے یہاں نظر آتا ہے۔ مرجھائی ہوئی کلیاں اور خشک پتے اگر موسم

بہار میں کسی وقت تر و تازہ اور شاداب ہو جائیں تو زیادہ تعجب نہ ہونا چاہئے لیکن ایمان اور ہدایت کی اس باد بہاری نے جس مر جھائے ہوئے دلوں بلکہ مردہ دلوں کو نئی زندگی بخشی وہ کم از کم ان اطراف کی تاریخ کا ایسا واقعہ ہے جس کو کوئی مورخ فراموش نہیں کر سکتا‘‘ (مولانا محمد علی مونگیری ۲۴۴-۲۴۵)

خلاصہ یہ ہے کہ :

’’وہ ایک جلیل القدر عالم، ایک عظیم المرتبت مبلغ و مصلح بھی ہیں ،عیسائیت و قادیانیت کے مقابلہ میں ان کا کارنامہ اجتہادی و تجدیدی شان رکھتا ہے ، پھر اس کے سوا اور سب سے بڑھ کر وہ بلند پایہ شیخ طریقت اور عالی مقام عارف و سالک ہیں جن کے حالات و کیفیات اور مقامات و اثرات اولیائے متقدمین کے یاد تازہ کرتے ہیں اور جن سے ہزاروں بندگان خدا نے فائدہ اٹھایا اور فائز المرام ہوئے ،غرض وہ ایسے گوناں گوں کمالات کے جامع ہیں کہ وہ ایک شخصیت نہیں بلکہ متعدد با کمال شخصیتوں کا مجموعہ نظر آتے ہیں ،وہ اپنی ذات میں انجمن ہیں‘‘   (مولانا محمد علی مونگیری: ۲۲)

آپ کے دنیا سے رحلت کرنے کے بعد سوتا بند نہیں ہوا، بلکہ پر کھوں سے ایک قدم آگے نکل کر، آپ کے سچے جانشیں بہار واڑیسہ وجھارکھنڈ کے امیر شریعت، مسلم پرسنل لاء بورڈ کے بانی و مؤسس حضرت مولانا منت اللہ رحمانی رحمۃ اللہ علیہ نے سلوک وطریقت اور اصلاح باطن وانابت الی اللہ کا بازار گرم رکھا ، چپہ چپہ کا دورہ کر کے اللہ کی محبت اور شریعت وطریقت کی سچی الفت کا ایسا جوش ولولہ پیدا کیا کہ ایسا معلوم ہوتا تھا کہ صوبہ بہار کے واحد پیر مغاں ہیں، آج تک ان کی لگائی چنگاری شعلہ زن ہے، وابستگان کا جمگھٹا ہے جو پروانہ وار آتش عشق الہی پر نثار ہو رہے ہیں ،اس کیفیت وحالت کو بصارت وبصیرت سے دیکھا تو جا سکتا ہے الفاظ وبیان سے حقیقت کی صحیح عکاسی نہیں کی جا سکتی ،اس کی قیادت وسیادت آج حضرت مونگیریؒ کے حفید رشید اور حضرت مولانا منت اللہ رحمانی کے باوقار فرزند نیز خانقاہ رحمانی کے سجادہ نشیں حضرت مولانا ولی رحمانی دامت برکاتہم کے ہاتھ میں ہے۔

حضرت مولانا بشارت کریم گڑھولوی

غالبا اسی دور کی بات ہے کہ ایک طرف حضرت مونگیری کانپور سے ترکِ وطن کر کے مونگیر کو مسکن بنا رہے تھے تو دوسری طرف ایک اور عظیم شخصیت کانپور سے فیض یاب ہو کر سیتامڑھی کے ’’گڑھول،،

گاؤں میں عشقِ حقیقی کی دکان سجا رہی تھی ، جس کو آج حضرت مولانا بشارت کریم گڑھولوی کے نام سے جانا جاتا ہے۔

آپ ۱۲۹۴ھ کو بازید پور گڑھول میں پیدا ہوئے ، چھ سال کی عمر میں والدہ کا سایہ سر سے اٹھ گیا ، دس سال کی عمر میں والدِ محترم جناب عبدالرحیم صاحب بھی اس دنیا سے رخصت ہوگئے ، بہنوئی نے تربیت کی ، اولاً انگریزی شروع کی ، مگر طبیعت نے کچھ زیادہ گوارہ نہ کیا ، چنانچہ عربی تعلیم کا آغاز اس طرح کیا کہ ابتدائی تعلیم دربھنگہ میں حکیم مولانا حسن چھپروی سے حاصل کی ، حفظ جامع العلوم مظفر پور میں مکمل کیا ، ساتھ میں شرح جامی بھی پڑھتے رہے ، اعلیٰ تعلیم کے لیے کانپور تشریف لے گئے اور استاذ الاساتذہ حضرت مولانا احمد حسن کانپوری سے منقول و معقول حاصل کیا۔

شروع سے ہی خدا طلبی کا جذبہ تھا ، فراغت کے بعد ۲۶ سال کی عمر میں حج بیت اللہ سے مشرف ہوئے ، اس سفر میں مولانا مونگیری ؒ اور غلام حسین کانپوری ؒ بھی ساتھ تھے ، وہاں دو سال تک قیام رہا ، ارادہ مستقل قیام کا تھا مگر مولانا محب الدین کے اصرار پر ہندوستان تشریف لائے ، وقت کے مشہور ترین شیوخ کے یہاں تشریف لے گئے مگر کہیں تشفی نہیں ہوئی ، چنانچہ آخر میں اپنے رفیقِ درس مولانا غلام حسین صاحب کے ہاتھ میں ہاتھ ڈال دیا ، انہوں نے آپ کو درجۂ کمال تک پہنچایا ، آخر میں شیخ بھی ان کو '' کبریت احمر '' کہا کرتے تھے ، ۱۳۵۴ھ میں انتقال ہوا ، گڑھول میں مدفون ہیں۔

آپ کے فیضِ صحبت سے ہزاروں کی تعداد میں علماء و صلحاء سمیت انسانوں نے فائدہ اٹھایا ، آج یقین کے ساتھ کہا جاسکتا ہے کہ اس گئے گزرے دور میں جو مختلف افراد کی طرف سے بہار میں رشد و ہدایت اور تبلیغِ دین اور اشاعتِ اسلام کے تئیں جد و جہد ہو رہی ہے اس میں آپ سے بلاواسطہ نہ سہی ، بالواسطہ فیض یافتہ افراد کا وافر حصہ ہے۔

امارتِ شرعیہ کا اولین روحِ رواں حضرت مولانا ابوالمحاسن محمد سجادؒ

آپ کی شخصیت سے علمی طبقہ کے ساتھ عوامی حلقہ بھی آشنا ہے ، آپ ۱۲۹۹ھ ۱۸۸۱ء میں پٹنہ کے قریب موضع ' مہنہ ' میں پیدا ہوئے ، اپنے ہی اطراف کے مولانا وحید الحق استھانوی سے عربی پڑھی ، جب متوسطات کے قریب پہنچے تو مولانا محمد احسن کانپوری کے یہاں تشریف لے گئے ، مدرسہ سبحانیہ الہ آباد میں مولانا عبدالکافی صاحب سے سندِ فضیلت لی ، ۱۳۲۲ھ میں دستار بندی ہوئی ، ۱۷ شوال ۱۳۵۹ھ کی شام پونے پانچ بجے پھلواری شریف میں وفات پائی ، پھلواری کے قبرستان میں آسودۂ خواب ہیں۔

حضرت مولانا اس دور کے مردِ مجاہد تھے ان کے عزم میں کبھی اضمحلال نہیں آیا، آپ کی پوری زندگی دل سوزی اور ہمدردی سے عبارت ہے، آپ کے عظیم ترین کارناموں میں تین اہم کارنامے بہت نمایاں ہیں۔

(۱) مدرسہ انوار العلوم گیا

جہاں جہالت پوری طرح چھائی ہوئی تھی ، آپ نے ۱۳۲۹ ھ میں انوار العلوم کا فیض جاری کیا ، جس سے جہالت کی تاریکی کا فور ہوئی اور بدعات کی ظلمت سے لوگوں کو نجات ملی ، زکریا فاطمی مدیر الہلال اپنے ایک مضمون میں لکھتے ہیں :

'' اس مدرسہ کا فیض دور دور تک پہنچا اور نہ صرف اس صوبے میں بلکہ دوسرے صوبے کے تشنہ گانِ علوم بھی اس کے چشمۂ فیضان سے سیراب ہوتے رہے'' (محاسن سجاد : ۱۳)

(۲) جمعیت علمائے بہار

مسلمانوں کی زبوں حالی ، علماء کا آپسی نفاق اور تفریق و انتشار مولانا کو ہردم بے چین کیے رہتا، چنانچہ عوام وعلماء کے مابین رابطہ استوار ہو اس کے لیے انہوں نے ۱۳۳۵ھ میں ''جمعیت علمائے بہار'' قائم کیا ، جس نے تھوڑے ہی دنوں میں مقصد کو کامیاب بنا دیا۔

(۳) امارت شرعیہ کا قیام

لیکن سب سے زیادہ جو چیز آپ کی روح کو تڑپا رہی تھی وہ علماء کی سیاست سے دوری تھی ، مولانا کو ہردم یہ فکر رہتی کہ علماء جس طرح ان کے دینی پیشوا ہیں ، سیاسیات میں بھی قوم کی رہبری کریں ، مسلمانوں میں دینی تنظیم قائم ہو ، جس کے تحت تمام تبلیغی ، مذہبی و تعلیمی و تمدنی کام انجام پائیں ، دار القضاء کا نظام ہو جو مسلمانوں کے مقدمات کا تصفیہ کرنے کے لیے کافی ہو اس مقصد کے لیے انہوں نے امارت شرعیہ قائم کیا ، جس کا اجمالی خاکہ یہ ہے :

'' پورے صوبے کو درجہ وار علاقوں میں تقسیم کیا گیا اور تبلیغ و اشاعت اسلام کے لیے ہر جگہ مبلغین اور نقباء کا سلسلہ قائم کیا گیا ، فتاوی اور باہمی جھگڑوں کے فیصلے کے لیے قاضیوں کا تقرر عمل میں لایا گیا اور اس تمام مشنری کو بروئے کار لانے کے لیے زکاۃ ، صدقات اور عشر وغیرہ کی تحصیل کے لیے محصلین اور عمال جا بجا مقرر کیے گئے ۔ علاوہ از یں مذبذب اور متزلزل ایمان رکھنے والی جماعتوں میں عقائد اسلامیہ کے استحکام اور پابندی احکام کی تبلیغ کی گئی ، مرتدین اور برگشتہ

ایمان لوگوں کو دائرۂ اسلام میں واپس لانے کی جدوجہد ہوئی اور غیر مسلمین میں اسلام کو کماحقہ روشناس کیا گیا اور اس طرح کثیر تعداد مخلوقِ خدا آپ کی فیض رسانیوں سے مستفید ہوئی‘‘ (محاسن سجاد : ۱۴، مضمون : زکریا فاطمی) اور بقول علامہ سید سلیمان ندویؒ : ’’حضرت مولانا بہار کی تنہا داد ولت تھے جو لٹ گئی‘‘   (محاسن سجاد : ۴۰، مضمون : سید سلیمان ندوی)

بہار کی موجودہ صورتِ حال

ہر چند کہ بہار کی موجودہ صورتِ حال میں وہ چہل پہل باقی نہیں رہی، خانقاہیں اجڑ گئیں، مدارس ویران ہو گئے، تعلیمی اداروں اور مذہبی مراکز کی وہ پہلی سی بات نہ رہی، مگر پھر بھی احیاءِ اسلام کی کوشش، اصلاحِ حال کی جدوجہد انفرادی اور اجتماعی ہر انداز سے ہو رہی ہے ایسا محسوس ہوتا ہے کہ روح بلالی پھر تڑپ اٹھی ہے اور مختلف گوشوں سے حیی علی الفلاح حیی علی الفلاح کی صدائے دل سے فضا میں گونج پیدا ہو رہی ہے، بعض ایسے سوتے اب بھی جاری ہیں جن سے فیضان نکل رہا ہے، اور ہزاروں کی تعداد میں مستفیدین اب بھی راہِ سلوک کو طے کر کے خدا کے نزدیک سرخرو ہو رہے ہیں نیز اس کے ساتھ ساتھ تبلیغی جماعت کے بھی مختلف مراکز قائم کر کے اور مختلف اجتماعات کروا کے کم از کم ناخواندہ عوام کو مسجد کی راہ دکھانے اور خدا کے حضور سر بسجود کرنے میں اہم کردار ادا کر رہا ہے، دوسری طرف اسلامی تنظیمیں ماحول بنانے میں امارتِ شریعہ اپنا کام پوری جانفشانی سے انجام دے رہی ہے، گویا کہ جس داستان کا آغاز چھٹی صدی ہجرہ سے ہوا تھا، وہ ہنوز جاری و ساری ہے۔

ورق تمام ہوا اور روح باقی ہے

سفینہ چاہئے اس بحرِ بیکراں کے لئے

☆ ☆ ☆

حضرت مولانا سید ابوالحسن علی ندویؒ

نیا چیلنج، اور علماۓ حق کی ذمہ داری

1971ء میں سابق مشرقی پاکستان میں ہندوستانی افواج کی زبردست کامیابی اور سقوط ڈھاکہ کے بعد محترمہ اندرا گاندھی ایک عجب نشۂ قوت سے سرشار ہوگئی تھیں ——— اور سنا ہے کہ کچھ پنڈتوں نے ان سے کہا تھا کہ آپ درگا دیوی ہیں، آپ ہی کے زمانے میں بھارت ہندو راشٹر بنے گا اور یہ پورا برصغیر اکھنڈ بھارت، بس وہ تو آسمانوں میں پرواز کرنے لگیں، اور انہونی کو کر دکھانے کے ارادے ان کے تیور سے جھلکنے لگے۔

ادھر ہمارے کچھ علماء اور ان کے زیرِ قیادت کچھ جمعیتیں جو رویہ ظاہر کر رہی تھیں وہ نہیں تھا جس کی ان سے توقع تھی ——— اس صورتِ حال پر جو حضرات شدید کرب محسوس کر رہے تھے ان میں سے ایک تھے ہمارے مخدوم و مربی حضرت مولانا سید ابوالحسن علی ندوی ——— اسی زمانے میں ان کی دارالعلوم دیوبند تشریف آوری ہوئی۔ وہاں انہوں نے طلبۂ دارالعلوم سے جو خطاب کیا، اس میں ملک میں اسلامی وجود اور مسلمانان ہند کے ملی تشخص اور ان کی تہذیبی انفرادیت کو درپیش خطرات کا شدید احساس جھلک رہا تھا، اور اس کارنج بھی کہ ان خطروں کا جو احساس بعض ذمہ دار افراد اور حلقوں کو ہونا چاہئے تھا، وہ نہیں نظر آ رہا، بلکہ ذاتی مصالح کی فکر یا دفاعی اور معذرت خواہانہ انداز غالب نظر آ رہا ہے۔

حضرت مولانا کا وہ خطاب آج کے حالات میں بھی بالکل تازہ اور حسبِ حال محسوس ہوتا ہے۔ اور اسی طرح وہ تمہیدی یا تعارفی کلمات بھی جو اس زمانے میں حضرت مولانا کے اسی قسم کے خطبات و رسائل کے ابتدائیہ کے طور پر مجلس تحقیقات و نشریات اسلامی ندوۃ العلماء لکھنؤ کے سکریٹری کی حیثیت سے (موجودہ صدر آل انڈیا مسلم پرسنل لا بورڈ) حضرت مولانا سید رابع حسنی ندوی نے لکھے تھے، موجودہ حالات ہی کی ترجمانی کرتے ہوئے محسوس ہوتے ہیں۔ انہوں نے اسی زمانے کے ایک رسالہ کے پیش لفظ میں لکھا ہے:

"باخبر حضرات سے مخفی نہیں ہے کہ ہمارے ملک میں عرصہ سے بعض حلقوں کی طرف سے وحدتِ ادیان کی دعوت دی جا رہی ہے، دوسری طرف سرکاری و سیاسی حلقے قومی یکجہتی کی تحریک چلا رہے

ہیں ،ملک کے بہت سے دانشور ،اخبارات ورسائل اس کی تشریح ایسی کرتے ہیں ،جس سے''من وتو'' کا امتیاز اور مختلف فرقوں کی تہذیبی خصائص بالکل ہی ختم ہوجائیں ۔ ہندوستان کے مسلمان اس وقت جس احساس کمتری اور شکستہ دلی کا شکار ہیں ،اس سے اندیشہ معلوم ہوتا ہے (اور اس کے آثار بھی کہیں کہیں نظر آنے لگے ہیں) کہ وہ اس دعوت سے متاثر ہو کر ان خطوط وحدود کو بھی عبور کر جائیں گے جن کے بعد مسلمانوں کا مسلمان رہنا بھی مشکل ہے ۔

اس اندیشہ کو اس سے بھی تقویت ہوتی ہے کہ خود مسلمانوں میں بہت سے تعلیم یافتہ اصحاب اسلام کو محض چند عقائد اور اعمال ورسوم کا مجموعہ سمجھتے ہیں ،اور وہ کسی مستقل و مکمل اسلامی تہذیب کے قائل نہیں ،اس صورت حال نے اس کا خطرہ پیدا کر دیا ہے کہ ہندوستان میں پھر ایک نئی شکل میں عہدِ اکبری کا آغاز ہو، بہت سے نفسیاتی وسیاسی اسباب کی بنا پر اس دور میں مسلمانوں کے اس سے کہیں زیادہ متاثر ہوجانے اور اپنی انفرادیت کھو دینے کا خطرہ ہے ، جتنا اُس وقت تھا''———— اب آپ ذیل میں حضرت مولانا ندوی کا مذکورہ خطاب ملاحظہ فرمایئے جسے ملخصاً پیش کیا جا رہا ہے ۔]

نیا زمانہ، نئے فتنے

عزیزان گرامی! آپ کی درس گاہ کی بنیاد حمیت اسلامی پر پڑی ،آپ کی درس گاہ کی بنیاد زمانہ کے چیلنج کے قبول کر لینے پر پڑی ،اب زمانے کے نئے چیلنج کو آپ نظر انداز نہیں کر سکتے ،کم سے کم دارالعلوم دیوبند اور ندوۃ العلماء کے لئے اس چیلنج کو نظر انداز کرنے کا کوئی جواز نہیں اسلئے کہ ان کی بنیاد ہی زمانہ کے چیلنج کو قبول کرنے پر پڑی تھی مغربی تہذیب اور معاشرت اور انگریزی تعلیم جس کے ساتھ کسی قسم کی مذہبی رہنمائی اور اخلاقی تعلیم وتربیت کا انتظام نہیں تھا اس زمانہ کا فتنہ تھا۔

لیکن فتنے کسی زمانہ کے ساتھ مخصوص نہیں ہوتے اور ایک ہی فتنہ ہمیشہ نہیں ہوتا ، نئے نئے فتنے سر اٹھاتے ہیں اور اسلام اور مسلمانوں کے لئے نئے نئے خطرے سامنے آتے ہیں ،جاہلیت نئے نئے روپ میں سامنے آتی ہے اور بڑے دم خم کے ساتھ میدان میں اترتی ہے اقبال نے غلط نہیں کہا تھا ؏

اگر چہ پیر ہے مومن، جواں ہیں لات ومنات

بڑی خطرناک بات ہے کہ لات ومنات یعنی باطل طاقتیں ،اور جاہلیتِ قدیم تو زندگی اور جوش و خروش سے بھر پور ہوں اور مومن میں جو سیدنا ابراہیمؑ کا وارث اور نائب ہے ، کہنگی اور فرسودگی ، پستی اور افسردگی ، کنارہ کشی اور پسپائی کی ذہنیت پیدا ہو جائے، لات ومنات نئے دم خم کے ساتھ ،نئی امنگوں اور

ولولوں کے ساتھ ، نئی تیاریوں اور نئے طریقوں کے ساتھ ، نئے نعروں اور نئی للکاروں کے ساتھ میدان میں آئیں اور مومن پر موت کی نیند طاری ہوجائے ، اس کے قویٰ میں افسردگی اور اضمحلال پیدا ہوجائے ، وہ زندگی کے میدان سے فرار اختیار کرکے یا کنارہ کش ہوکر کسی گوشہ عافیت کو تلاش کر لے ، جہاں وہ اپنی زندگی کے دن گذار سکے ، اور لات ومنات خم ٹھونک کر میدان میں کھڑے ہوں ، اور دعوتِ مبارزت دے رہے ہوں ۔

عہدِ جدید کا فتنہ کبریٰ

حضرات ! اس زمانہ کا فتنہ اور چیلنج کیا ہے؟ اس زمانہ کا چیلنج یہ ہے کہ اسلام کو جدا گانہ تہذیب ، اس کی مخصوص معاشرت ، اس کے عائلی قانون ، اس کے نظام تعلیم ، اور رسم الخط ، اور اس کے پورے ورثہ سے الگ کردیا جائے ، اور اسلام چند عبادات ، اور چند رسوم وتقریبات کا (جو بعض مذاہب کا کل سرمایہ ، اور بعض قوموں کا واحد مذہبی نشان ہے) مثلاً شادی اور غمی میں کیا ہونا چاہئے ، مردے کو کس طرح آخری مرحلہ سے گذارا جائے ، وغیرہ وغیرہ ، بس اسلام انہی مذہبی ومعاشرتی رسوم (Rites) کا مجموعہ بن کر رہ جائے ، میں نہیں جانتا کہ کل کیا ہو ، لیکن پھر بھی اندازہ ہے کہ شاید ابھی یہ مرحلہ دور ہے کہ ہندوستان کے مسلمانوں سے کہا جائے کہ آپ کو نماز پڑھنے کی اجازت نہیں ، آپ روزہ نہیں رکھ سکتے ، آپ زکوٰۃ نہیں دے سکتے ، لیکن یہ مرحلہ ضرور آرہا ہے کہ مسلمانوں سے اشارہ و کنایہ سے ، اور کبھی کبھی صاف صاف کہا جاتا ہے کہ مسلمان اپنی رضا ورغبت سے اپنی جدا گانہ تہذیب اور ہر اس چیز سے بے تعلقی اختیار کرلیں ، جو ان میں ایک الگ ملت اور الگ تہذیب کا وارث ہونے کا احساس پیدا کرتی ہے ، وہ خود ہی یہ اعلان کردیں کہ ہم کسی جدا گانہ تہذیب کے حامل نہیں ہیں ، وہ خود اپنے عائلی قانون (پرسنل لا) میں اصلاح وترمیم کا مطالبہ کریں اور اپنے لئے وہی یکساں قانون پسند کریں جو سارے ملک کے لئے نافذ ہو ، وہ اپنے تمام تعلیمی مرکزوں کو جو انہوں نے اپنی پسند اور ضرورت کے مطابق قائم کئے تھے ، حکومت کی تحویل اور انتظام میں دیدیں ، اور ان کے نظم ونسق سے خود دست بردار ہوجائیں ، تا کہ ان سے ایک ہی طرح کے ماڈل تیار کئے جائیں جو اس سیکولر اور اشتمالیت پسند ملک سے ہم آہنگ ہوں ، آج صاف صاف کہا جا رہا ہے کہ اگر مسلمانوں کو اس ملک میں رہنا ہے تو ان کو قومی دھارے میں بہنا چاہئے ، قومی دھارے کے معنی یہ ہیں کہ آپ تمام تشخصات سے دست بردار ہوجائیں ، آج کا مطالبہ یہ ہے کہ مسلمان رہو ! تمہیں کوئی نہیں ٹوکتا ، یہ فرقہ وارانہ فسادات تو ایک مریض کی ہذیانی کیفیت ، اور ہسٹریا کا ایک دورہ ہے جو ہمیشہ نہیں رہے گا ، آپ دیکھ رہے ہیں کہ وہ بہت کم ہوگئے

ہیں ،اور میں پیشین گوئی کرتا ہوں کہ وہ اور بھی کم ہو جائیں گے میرے نزدیک یہ اصل خطرہ نہیں ،اصل خطرہ نسل کُشی کا نہیں ،معنوی ارتداد کا ہے ،ذہنی وتہذیبی ارتداد ،اس خطرے کو دیکھنے اور اس کو محسوس کرنے کے لئے کسی بڑی فراست اور دور بینی کی ضرورت نہیں ،یہ تو دیوار کا نوشتہ ہے جس کو ہر ایک پڑھ سکتا ہے ۔۔۔۔۔

دینی بدعات ،اور منکرات سے نبردآزما ہونے والوں کے اخلاف کی ذمہ داری

عزیز طلبہ! آپ کے اسلاف وہ تھے جنہوں نے بدعت کے ساتھ ادنیٰ مصالحت گوارہ نہیں کی ،آپ کے اسلاف نے آج تک مولود کے قیام کی اجازت نہیں دی ،کتنے رسوم اور طریقے ہیں جو مسلمانوں کی زندگی میں داخل ہو گئے ہیں ،اور مذہبی فرائض اور شعائر کی حیثیت اختیار کر لی ہے ،لیکن آپ کا جس مکتبِ خیال اور مسلک سے تعلق ہے ،اس کے علماء نے ان کی ہمیشہ مخالفت کی ،ان کو بدعت اور بے اصل بتایا ،اس کی ان کو معاشرتی اور اجتماعی زندگی میں بہت بڑی قیمت ادا کرنی پڑی ؛ان کا مقاطعہ کیا گیا ،ان کو مسجدوں سے نکالا گیا ،ان پر کفر و ضلالت کے فتوے لگائے گئے ،وہ بہت سے دنیوی مفادات اور لذتوں سے محروم رہے ،لیکن انہوں نے ان چیزوں کے ساتھ ذرا بھی رواداری نہیں برتی ،اور کسی مداہنت اور مصلحت کوشی سے کام نہیں لیا ،میرا خود اسی کیمپ سے تعلق ہے جو شرک و بدعات کے مقابلہ میں سربکف رہا ہے ،بلکہ میرا تعلق اس خاندان سے ہے جو اس سلسلہ میں بہت آگے رہا ہے ،اور جو شرک و بدعت کے معاملے میں بہت زیادہ ذی الحس واقع ہوا ہے ،میرا نسبی و روحانی اور ذہنی تعلق حضرت سید احمد شہیدؒ اور حضرت مولانا شاہ اسماعیل شہیدؒ سے ہے جنہوں نے اس ملک میں احیاءِ توحید اور سنت کی دعوت کا علم بلند کیا اور اس کے لئے جان کی بازی لگا دی ۔۔۔۔۔

آپ ان اسلاف کے نام لیوا ہیں جنہوں نے دین میں ادنیٰ تحریف اور مسلمانوں کے ادنیٰ انحراف کو پسند نہیں کیا ،آج معاملہ بدعات کا نہیں ،آج معاملہ انگریزی تعلیم کا نہیں ہے ،آج معاملہ ایک طرف شرک جلی ،اصنام پرستی ،اور دیو مالائی عقائد (میتھالوجی) کا ہے ،آج معاملہ برہمنی تہذیب اور ہندو معاشرت قبول کرنے کا ہے ۔۔۔۔۔آج کا چیلنج اور آج کا خطرہ پچھلے تمام چیلنجوں اور خطرات سے زیادہ سنگین ہے ،اور اس کے قبول کرنے کے لئے کہیں زیادہ جرأت ،کہیں زیادہ ایمان اور استقامت ،اور کہیں زیادہ ایثار و قربانی کی ضرورت ہے ۔

موجودہ انقلاب کی برق رفتاری و ہمہ گیری

پہلے انقلاب بڑی سست رفتاری ،اور آہستہ خرامی کے ساتھ آتا تھا ،جیسا زمانہ تھا ویسا ہی انقلاب بھی ،وہ بیل گاڑیوں ،ہاتھیوں اور اونٹوں اور زیادہ سے زیادہ تیز رفتار گھوڑوں کا زمانہ تھا ،اس وقت انقلاب انہیں

سواریوں کی رفتار سے آتا تھا، پھر ریل چلی انقلاب ریل پر سفر کر کے آنے لگا، جہاز چلے، انقلاب کی رفتار تیز ہوگئی، اب انقلاب ایٹمی انرجی استعمال کرتا ہے آواز سے زیادہ تیز جہازوں اور ریڈیو، اور ٹیلی ویژن کے ذریعہ دم کے دم میں گھر گھر پہونچ جاتا ہے۔

اندرونی خطرہ

بڑے خطرے کی بات یہ ہے کہ خود مسلمانوں کے اندر ایک جماعت ایسی پیدا ہوگئی ہے، جو غیر مسلموں کے مقابلہ میں ''مدعی سست گواہ چست'' کی مصداق ہے، وہ کوئی بات ادھ کٹی، اور دبی زبان سے کہتے ہیں تو یہ اس کو ڈنکے کی چوٹ پر کہنے کو تیار ہیں، وہ صاف صاف کہتے ہیں کہ مسلمانوں کو یہاں مشترک تہذیب میں ضم ہوجانا چاہئے، اور تمام امتیازات یہاں تک کہ عربی، اسلامی ناموں سے بھی چینی مسلمانوں کی طرح دست بردار ہوجانا چاہئے، وہ صاف کہتے ہیں کہ اگر ہم کو ہندوستان میں رہنا ہے تو ہر اس چیز سے دست بردار ہونا پڑے گا جس سے ''من وتو'' کی تمیز پیدا ہوتی ہے، اور جو مسجد وکلیسا میں امتیاز کرتی ہے، اس وقت جو ذہن ہندوستان کی قیادت کر رہا ہے، وہ ہر اس چیز سے بھڑکتا ہے جو کسی قسم کا امتیاز اور تشخص پیدا کرتی ہے۔

تعیّن و وضاحت اسلام کا امتیاز

لیکن ہمارے دین کے حدود معین ہیں، ہمارے دین کے اس ''اکال الامم'' سرزمین میں اپنی جدا گانہ شکل وصورت کے ساتھ باقی رہنے کا راز اسی میں مضمر ہے کہ اس میں آریائی مذہب کی طرح اطلاقیت یا تعیّنات سے گریز، اور رقت وسیّالیت نہیں ہے، جس نے ہمہ اوست کے عقیدہ کو یا وحدت ادیان کے فلسفے کو جنم دیا، ہمارے یہاں کفر وایمان، شرک وتوحید، ضلالت وہدایت اور حلال وحرام کے درمیان واضح طریقہ پر خط کھینچا ہوا ہے۔

تو جو شخص سرکش سے اعتقاد نہ رکھے اور خدا پر ایمان لائے اس نے ایسی مضبوط رسی ہاتھ میں پکڑ لی ہے، جو کبھی ٹوٹنے والی نہیں ہے۔	فَمَنْ یَّکْفُرْ بِالطَّاغُوْتِ وَیُؤْمِنْ بِاللہِ فَقَدِ اسْتَمْسَکَ بِالْعُرْوَۃِ الْوُثْقیٰ لَا انْفِصَامَ لَھَا ط

وحدت ادیان نہیں وحدت حق

وہ وحدت ادیان کا نہیں وحدت حق کا قائل ہے یعنی سب دین ایک نہیں، بلکہ حق ایک ہے وہ صاف اعلان کرتا ہے۔

اور حق بات کے ظاہر ہونے کے بعد گمراہی ہی کے سوا ہے، ہی کیا، تو تم کہاں پھرے جاتے ہو۔	فَمَاذَا بَعْدَ الْحَقِّ اِلَّا الضَّلٰلُ ۚ فَاَنّٰى تُصْرَفُوْنَ ۝

اس کا ایک واضح اور معین نظامِ عقائد ہے اس کی ایک مستقل تہذیب ہے، مکمل قانون اور نظامِ معاشرت ہے، اس کے لئے اس کے صحیفے میں صاف اعلان موجود ہے۔

آج ہم نے تمہارے لئے تمہارا دین مکمل کر دیا اور اپنی نعمتیں تم پر پوری کر دیں ، اور تمہارے لئے اسلام کو پسند کیا	اَلْیَوْمَ اَکْمَلْتُ لَکُمْ دِیْنَکُمْ وَاَتْمَمْتُ عَلَیْکُمْ نِعْمَتِیْ وَرَضِیْتُ لَکُمُ الْاِسْلَامَ دِیْنًا ۗ

یہاں نہ کوئی اپنے آپ کو دھوکہ دے سکتا ہے نہ دوسرے کو، یہاں دن کی روشنی ہے جس میں سپید و سیاہ صاف نظر آتے ہیں ۔۔۔۔

دو حقیقت بیں آنکھیں

عزیزو! مولانا محمد قاسم صاحبؒ بانی دارالعلوم اور مولانا محمد علی صاحبؒ مونگیری بانی ندوۃ العلماء کو کس چیز نے تڑپایا تھا، ایک کو یہاں اور دوسرے کو وہاں، میں ان دونوں میں کچھ فرق نہیں سمجھتا، میں ان کو ایک ہی چہرۂ زیبا کی دو آنکھیں سمجھتا ہوں، دونوں روشن دونوں پاکباز اور حقیقت بیں، ایک ہی نور باطن اور ایک ہی فراست ایمانی دونوں میں کام کر رہی تھی، دونوں ہی اتقوا فراسۃ المؤمن فانہ ینظر بنور اللہ کا مصداق تھے، دونوں تعلیمی مرکزوں میں نصاب ایک وسیلہ تھا مقصد نہیں، اس کے اختلافات بنیادی حیثیت نہیں رکھتے، مولانا محمد علی مونگیریؒ اور ان کے رفقاء کی تحریریں پڑھئے، ان کی نگاہ ان جزئیات سے بہت بلند تھی، اگر کوئی یہ سمجھے کہ انہوں نے عربی ادب کو غالب کرنے کے لئے یا تاریخ اسلام اور علومِ عصریہ کو جگہ دینے کے لئے ندوۃ العلماء کی تحریک شروع کی تھی تو اس سے بڑھ کر کوئی حق تلفی ان کے ساتھ نہیں ہو سکتی، دونوں نے اپنے اپنے زمانہ کے فتنے کا مقابلہ کیا، ایک نے یہاں قلعہ تعمیر کیا دوسرے نے وہاں، دونوں نے اپنے اپنے زمانے کے چیلنج کو قبول کیا، اور بدلے ہوئے زمانے کے مطابق دین کے محافظ، حق کے داعی اور شریعت کے ترجمان پیدا کرنے کی کوشش کی، خدا ان دونوں کو اعلیٰ سے اعلیٰ مراتب سے سرفراز فرمائے، اور ان کے تمام رفقاء اور معاونین کو جزائے خیر دے، اور ہمیں ان کے صحیح مقاصد کے سمجھنے، اور ان کے نقشِ قدم پر چلنے کی توفیق عطا فرمائے۔

اصلاح و تجدید کی تاریخ میں افراد کا مقام اور کام

میرے عزیز! اسلام میں تجدید و اصلاح کی پوری تاریخ، افراد کی اولوالعزمی کی تاریخ ہے، کہنے کو یہ ملی اور اجتماعی تاریخ ہے اور بیشک ہے اور لیکن عملاً یہ از اول تا آخر افرادی کی صلاحیتوں، ان کے عزم و ہمت کی نمود ہے، جب کبھی اسلام کے لئے موت و حیات کی کوئی کشمکش پیش آئی، جب کسی طرف سے دین اسلام کو للکارا گیا تو کوئی فرد کامل، کوئی صاحب عزم ہستی سامنے آگئی، ایسے موقع پر نہ کوئی کونسل بیٹھتی تھی، نہ کوئی مشورہ ہوتا تھا، کوئی صاحب یقین سامنے آجاتا تھا، اور حالات کو یکسر بدل کر رکھ دیتا تھا، حضرت عمر بن عبدالعزیز، اور سیدنا حسن بصری سے لے کر خاندان ولی اللّٰہی اور ان دینی مرکزوں کے بانیوں، اور موجودہ دینی دعوتوں اور کوششوں کے علمبرداروں تک سب کا یہی معاملہ ہے کہ

کارِ زلفِ تست مشک افشانی اما عاشقاں
مصلحت را ہمتے برآہوئے چیں بستہ اند

مجدد صاحب اور شاہ ولی اللّٰہ صاحب کا کارنامہ

اقبال نے حضرت مجددِ الف ثانی کے متعلق بالکل صحیح کہا تھا کہ:

وہ ہند میں سرمایۂ ملت کا نگہبان
اللّٰہ نے بروقت کیا جس کو خبر دار

انہیں کی کوششیں تھیں کہ ہندوستان کا رشتہ دین حجازی، اور محمد عربی صلی اللّٰہ علیہ وسلم سے کٹنے نہیں دیا، اور وہ تہذیبی لحاظ سے برہمنیت، اور فکری و اعتقادی لحاظ سے ویدانت کے آغوش میں جانے کے بجائے اسلام و شریعت محمدی صلی اللّٰہ علیہ وسلم کی تحویل اور امانت میں رہا، انہیں کا مخفی ہاتھ تھا، جس نے اکبر کے تخت پر بالآخر محی الدین اورنگ زیب جیسے غیور اور فقیہ بادشاہ کو بٹھایا، پھر اس ملک میں تجدید و احیاء دین کا جو کچھ کام ہوا وہ حضرت شاہ ولی اللّٰہ صاحب اور ان کے خاندان کا کارنامہ ہے، کیا دیوبند، کیا سہارنپور، کیا دہلی، کیا لکھنؤ، ہم سب انہیں کے خوانِ نعمت کے ریزہ چیں ہیں، دارالعلوم، مظاہر علوم، اور ندوہ اور کتاب وسنت کی تعلیم کی سب درسگاہیں، اسی ایک چراغ سے روشن کئے ہوئے ہیں، ان سب کا سلسلۂ نسب شاہ ولی اللّٰہ صاحب اور ان کے اخلاف نامدار، اور ان کے تلامذہ با کمال پر ختم ہوتا ہے

یک چراغیست دریں خانہ کہ از پرتوِ آں
ہر کجا می نگری انجمنے ساختہ اند

☆ ☆ ☆

خلیل الرحمٰن سجاد نعمانی

اپنی ملت، برادرانِ وطن اور حکومت سے کچھ صاف صاف باتیں

[۲۱ جون کو ہمارے ملک میں یوگا ڈے منایا گیا۔ اس کے چند دن پہلے کچھ مسلمانوں کے ایسے بیانات آئے جو شریعت اسلامی کی روح ومزاج کے بھی خلاف تھے، اور ملک کی حقیقی صورت حال کے لحاظ سے بھی نامناسب تھے، اس کی وجہ سے مسلم عوام میں بھی شک اور تردد کی کیفیت آنے لگی، کچھ دوستوں کے توجہ دلانے پر راقم نے ایک مضمون لکھا جو ملک کے ۱۷، ۱۸، اور ۱۹ جون کے مختلف اردو اخبارات میں شائع ہوا، نیز اسی مضمون کو ایک ویڈیو بیان کی شکل میں سوشل میڈیا کے ذریعہ بھی پھیلانے کی کوشش کی گئی ـــــــ ذیل میں وہ مضمون تھوڑے سے اضافہ کے ساتھ الفرقان کے ناظرین کی خدمت میں بھی پیش کیا جا رہا ہے ـــــــ مدیر]

آج کل جو موضوعات ذرائع ابلاغ اور باشندگانِ ملک کی گفتگوؤں پر چھائے ہوئے ہیں، ان میں سرفہرست یوگا اور سوریہ نمسکار جیسے موضوعات ہیں، ان ہی موضوعات کے بارے میں کچھ باتیں مسلمانوں سے، برادرانِ وطن سے اور ارباب اقتدار سے کہنے کے لئے یہ تحریر لکھی جا رہی ہے۔

مسلمانوں سے:

تمام مسلمان بھائیوں، بہنوں اور نوجوان بچوں اور بچیوں سے یہ کہنا ہے کہ آپ نے جو کلمہ پڑھا ہے، اس کے دو جز ہیں۔ پہلے جز کے ذریعہ آپ نے کائنات کی اس اہم ترین سچائی کو جانا اور تسلیم کیا ہے کہ اللہ کے علاوہ کوئی شئے اور کوئی ہستی اس لائق نہیں ہے کہ اس کی بندگی یا عبادت کی جائے، اس سے کچھ مانگا جائے۔ اس لئے کہ اس مالک و خالق اور رب العالمین کے سوا کسی میں یہ طاقت نہیں ہے کہ وہ اس کی مرضی کے بغیر کسی کو کچھ دے سکے۔

اس موقع پر یہ ضرور یاد رکھئے گا کہ اگرچہ یہ صحیح ہے کہ توحید کی یہ تعلیم دنیا میں پہلی مرتبہ قرآن

اور حضرت محمدﷺ نے نہیں دی بھی، اللہ کے تمام پیغمبروں نے اور سب کتابوں اور صحیفوں نے اپنی اپنی قوموں کو ہمیشہ یہی تعلیم دی تھی، تاہم یہ بھی سچ ہے کہ آخری آسمانی کتاب قرآن اور آخری رسول محمدﷺ نے توحید کے مسئلہ کو جتنا صاف اور واضح کیا، اور جس طرح ان تمام دروازوں اور کھڑکیوں کو بند کیا جن کے ذریعہ مسلمانوں میں شرک سرایت کر سکتا تھا وہ اپنی مثال آپ ہی ہے۔ اس کی چند مثالیں یہاں پیش کی جاتی ہیں۔

(۱)   آپ نے سنا یا پڑھا ہوگا کہ جس دن رسول اللہﷺ کے ایک صاحبزادے کا کم سنی میں انتقال ہوا، اسی دن اتفاق سے سورج کو گہن لگا۔ لوگوں میں، سماج میں پھیلے ہوئے تو ہم پرستانہ خیال کے مطابق یہ چرچا ہونے لگا کہ سورج کو گرہن محمد کے گھر کے حادثے کی وجہ سے لگا ہے۔ آپ نے فوراً اس خیال کی صاف صاف لفظوں میں تردید کرتے ہوئے واضح کیا کہ سورج چاند یہ سب اللہ کی نشانیاں اور مخلوقات ہیں، کسی کی زندگی اور موت سے ان کا کوئی تعلق نہیں......

(۲)   نماز جنازہ میں، جس میں امام کے سامنے جنازہ رکھا ہوتا ہے، رکوع اور سجدہ جو نہیں رکھا گیا، اس کی حکمت بھی یہی بتائی جاتی ہے کہ کوئی انجان شخص نمازیوں کو جنازے کے سامنے رکوع سجدہ کرتے ہوئے دیکھ کر یہ سمجھ سکتا ہے کہ یہ لوگ اس جنازے کے سامنے جھک رہے ہیں، چنانچہ صرف اس لئے کہ کسی کو غلط فہمی نہ ہو نماز جنازہ سے رکوع سجدے کو نکال دیا گیا۔ حالانکہ یہ بھی سوچا جا سکتا تھا کہ مسلمان رکوع اور سجدے میں اللہ ہی کی نیت کرے گا۔ مگر نہیں! توحید اور شرک کا مسئلہ اتنا اہم اور سنگین ہے کہ اس میں ذرا سا بھی خطرہ مول لینے کی گنجائش نہیں ہے، اور دوسروں کو بھی غلط فہمی سے بچانا ضروری ہے۔

(۳)   اس کی ایک اور واضح مثال، جس سے آج کل جاری بحث میں بھی واضح رہنمائی مل سکتی ہے، وہ یہ ہے کہ حضرت محمدﷺ نے بڑی صراحت اور سختی کے ساتھ بار بار اس بات کی ہدایت دی کہ سورج نکلنے اور ڈوبنے کے وقت کوئی نماز نہ پڑھی جائے۔ بلکہ اس وقت کسی میت کو بھی دفن نہ کیا جائے۔
(صحیح بخاری، حدیث ۵۵۸، ۵۶، سنن نسائی: ۱/ ۲۷۷)

اس ہدایت کی حکمت یہ بتائی گئی کہ دنیا کی کئی قومیں جو سورج کو کسی نہ کسی درجہ میں خدا مانتی ہیں، وہ خاص طور پر انہی اوقات میں سورج کی پوجا (سوریہ نمسکار) کرتی ہیں۔ اس لئے مسلمانوں کو یہ ہدایت دی گئی کہ وہ اللہ کی عبادت بھی ان اوقات میں نہ کریں۔

غور کیجئے گا کہ مسلمان جو نماز پڑھنے کھڑا ہوتا ہے اس کے ذہن کے کسی گوشے میں بھی سورج چاند یا اللہ کے سوا کسی اور کی عبادت کا خیال بھی نہیں ہوتا ۔ لیکن پھر آخر اتنی سختی کے ساتھ یہ ہدایت کیوں دی گئی؟ یہی بات تو یہاں سمجھانا مقصود ہے ۔

اصل بات یہ ہے کہ حضرت محمد صلی اللہ علیہ وسلم نے اپنی امت کو شرک ہی سے نہیں، اس کے شائبہ سے بھی بچانا چاہا ہے ۔ بلکہ اس پہلو پہ بھی نظر رکھی ہے کہ ان کی کسی ادا یا عمل سے کوئی یہ نہ سمجھنے لگے کہ یہ لوگ بھی اللہ کے علاوہ کسی اور کی مثلا سورج کی پوجا کر رہے ہیں، یا اسے نمسکار کر رہے ہیں ۔

مسلک اور فرقے کی کسی ادنیٰ سی تفریق کے بغیر میں اپنے تمام مسلمان بھائیوں اور بہنوں سے یہ کہنا چاہتا ہوں کہ آپ نے کلمہ کے دوسرے جزو کے ذریعہ اس بات کا عہد کیا ہے کہ آپ حضرت محمد صلی اللہ علیہ وسلم کا ہر حکم مانیں گے اور کسی قیمت پر ان کی کسی ہدایت کی نافرمانی نہیں کریں گے ۔

اب آپ خود غور کریں، کہ آپ کا سابقہ کچھ ایسے لوگوں سے ہے جو پچھلے سو سالوں سے اس کی ہر ممکن کوشش کر رہے ہیں کہ وہ آپ سے آپ کا دین آپ کی شریعت اور آپ کی تہذیب چھین لیں، وہ آپ کے بچوں کو اسکولوں اور کالجوں میں صریح ہندوانہ عقائد اور برہمنی تہذیب سے مانوس کر رہے ہیں ۔ بلکہ ان کی ترویج کر رہے ہیں ۔ آپ کے جو بچے اور بچیاں اعلیٰ تعلیم کے ساتھ اسلامی تہذیب اور اس کے شعائر کا احترام و اہتمام کرتے ہیں، انہیں دہشت گرد قرار دے کر جیل کی سلاخوں کے پیچھے ڈھکیل رہے ہیں ۔ یا کم از کم انہیں خوف زدہ کرنے کے لئے طرح طرح کی تدبیریں کر رہے ہیں ۔ آپ کے اپنے قائم کئے ہوئے کالجوں میں بھی نماز پڑھنے سے روک رہے ہیں، آپ کو بار بار ملک بدر کرنے کی دھمکی دے رہے ہیں ۔ یہی لوگ ہیں جو سب دیش واسیوں، خصوصاً مسلمانوں سے یوگا کرانے کے لئے بے چین و مضطرب نظر آ رہے ہیں، کیا آپ یہ سوچ سکتے ہیں کہ ان کا یہ اضطراب اور یہ بے چینی صرف اس لئے ہے کہ انہیں آپ کی تندرستی کی بے حد فکر ہے؟؟؟

بہر حال کلمہ طیبہ کا اور آپ کے بنیادی عقیدۂ توحید و رسالت کا یہ تقاضہ ہے کہ آپ ایسے کسی عمل میں ہرگز شریک نہ ہوں جس سے ان لوگوں کی ہمت افزائی ہو جو آپ سے آپ کے دین اور آپ کی تہذیب کو چھین لینا چاہتے ہیں ۔ اور اس موقع پر صاف صاف اعلان کر دیں کہ ہم نے اس ملک میں اپنے ایمان اور اسلام پر استقامت کے ساتھ رہنے کا فیصلہ کیا ہے، اور دنیا کی کوئی طاقت ہم سے ہمارا ایمان نہیں چھین سکتی

.........کہیں ایسا نہ ہو کہ ہم میں سے ایک ایک کے ایمان کا امتحان لینے کا خداوندی فیصلہ ہوا ہو؟ اور فہرست تیار ہو رہی ہو؟ رمضان کے بابرکت مہینہ میں جن لوگوں کا نام منافقوں اور شرک و کفر سے سمجھوتہ کرنے والوں میں لکھا جائے گا۔ اللہ! ہم میں سے کسی کو ان میں شامل نہ فرمائے گا!

کہا جا رہا ہے کہ یوگا تو صرف ایک ورزش ہے اس کا کسی عقیدے، دھرم یا تہذیب سے کوئی تعلق نہیں ہے۔ افسوس ہے کہ اس قدر جھوٹی بات بڑی ڈھٹائی اور بے شرمی سے وہ لوگ بھی کہہ رہے ہیں جو اچھی طرح جانتے ہیں کہ یوگا خالصۃً آرین قوم کے عقیدوں اور برہمنی رسومِ عبادت پر مبنی ایک عبادت ہے (یہ الگ بات ہے کہ کسی بھی طریقہء عبادت کے کچھ جسمانی فوائد بھی ہو سکتے ہیں) اور یوگا اور برہمنی کلچر کے باہمی رشتے ہی کی وجہ سے کچھ لوگ اس کے لئے اس قدر پر جوش نظر آ رہے ہیں۔ میرے سامنے اس وقت اس موضوع پر مستند کتابیں ہیں،

مثلاً

1.SURYA NAMASKAR, SWAMI SATYANAND SARASWATI

2. ANSANA PRANAYAM BY SWAMI SATYANAND SARASWATI

3. SAMPURN YOG VIDHA,(HINDI) BY RAJIV TRILOK

4. YOG DARSHAN, BY MAHARISHI PATANJALI

5. LIGHT ON YOGA , BY B.K.S IYENGAR

ان کتابوں کے مطالعہ کے بعد اس بارے میں ذرا بھی شک کی گنجائش نہیں رہتی کہ جس عمل کو یوگا کہا جاتا ہے وہ برہمنی عقائد اور ہندو مذہب کا ایک حصہ ہے۔ وہ ہرگز صرف ایک ورزش نہیں ہے بلکہ عبادت و ریاضت کا ایک طریقہ ہے جس میں سورج کی طرف خدا کی حیثیت سے دھیان اور توجہ کو مرکوز کرنے کی مشق کی جاتی ہے۔

۲۱ جون سال کا سب سے لمبا دن ہوتا ہے اور رات سب سے چھوٹی ہوتی ہے، اسی دن زمین سورج سے سب سے زیادہ قریب ہوتی ہے، یوگا سے متعلق لٹریچر میں یہ بیان کیا گیا ہے کہ گرمی کے دوران انقلاب

شمسی یعنی سورج کے شمالی سمت سے جنوب کی طرف منتقل ہونے کیعلامت ہے ، اور ویدک کتابوں کے مطابق یہی دن ہے جس دن پہلی مرتبہ شیو (بھگوان) نے اپنے چیلوں کو یوگا سکھایا، اس طرح آپ کہہ سکتے ہیں کہ ۲۱ جون یوگا کا یومِ ولادت ہے اور اسی لئے ۲۱ جون کا انتخاب کیا گیا۔ علاوہ ازیں اس تاریخ کے انتخاب کی ایک وجہ یہ بھی ہوسکتی ہے کہ یہی دن آر۔ایس۔ایس۔ کے بانی ہیڈگوار کا "یومِ وفات" ہے۔ بہر حال اس میں ذرہ برابر بھی گنجائش نہیں ہے کہ ۲۱ جون کو منایا جانے والا یوگا ڈے دراصل برہمنی کلچر کے غلبہ کا اعلان اور جشنِ فتح منانے کا دن ہے، اور اسی لئے سنا ہے کہ ابھی سے تیاریاں کی جارہی ہے کہ اس دن یوگا کے بعد دیوالی کی طرح مٹھائیاں کھلائی جائیں گی اور مبارک بادوں کا تبادلہ ہوگا۔ا

اس پہلو پر بھی غور کیجئے کہ جو لوگ نہایت جوش و خروش کے ساتھ ملک کے ہر چھوٹے بڑے سے یوگا کرانے کی کوشش کر رہے ہیں کیا ان سب کے اندر آپ کی صحت وتندرستی کے لئے اتنی فکر آگئی ہے؟ یا اس کی وجہ کچھ اور ہے؟ میں نہیں سمجھتا کہ جس کردار کے لوگ اس مہم میں پیش پیش ہیں ان کے اصل مقصد کے بارے میں کسی بھی باہوش شخص کو کوئی بھی خوش فہمی ہوسکتی ہے؟ سب کی صحت اور سلامتی چاہنے والوں کا انداز اور لب و لہجہ یہ ہوتا ہے کہ "جن لوگوں کو یوگا اور سوریہ نمسکار نہیں کرنا ہے انہیں سمندر میں پھینک دینا چاہئے"۔۔۔۔۔۔؟؟

ان لوگوں سے زیادہ دکھان نام نہاد مسلمانوں پر ہوتا ہے جو مسلمانوں کو تلقین کر رہے ہیں کہ وہ کسی شک میں نہ پڑیں، اور یوگا کریں۔۔۔۔۔۔ ہلکی سے ہلکی بات جو ایسے مسلمانوں کے بارے میں کہی جا سکتی ہے وہ یہ ہے کہ وہ بالکل ہی ناواقف اور بے خبر ہیں، وہ نہ تو یوگا کی حقیقت سے واقف ہیں اور نہ حکمراں ٹولے کے اصل عزائم کو سمجھ پا رہے ہیں۔ ہمارے ان بھائیوں کے لئے بہتر ہوگا کہ وہ اپنے علم اور ایمان دونوں میں اضافے کی سنجیدہ کوشش کریں۔

برادرانِ وطن سے

مسلمانوں کے علاوہ اپنے ملک کے بسنے والے کروڑوں غیر مسلم بھائیوں اور بہنوں سے یہ کہنا ہے کہ آپ جس طریقہ پر عبادت یا ورزش کرنا چاہیں، ضرور کریں، مگر کچھ چالاک سیاسی لیڈروں کی اس چال کو ہرگز کامیاب نہ ہونے دیں، جن کو آپ میں سے خاصی تعداد نے اس امید کے ساتھ اقتدار سونپا تھا کہ وہ

ا اور خبروں کے مطابق بہت سے مقامات پر جوش و خروش کے ساتھ یہ سب یہ ہوا۔

مہنگائی کم کر دیں گے، کالا دھن واپس لے آئیں گے، سب کو ساتھ لے کر سب کے وکاس کے لئے کام کریں گے، ایک سال سے زیادہ عرصہ گذر گیا، انہوں نے کوئی وعدہ پورا نہیں کیا اور اب یہ بات سب جان گئے ہیں کہ وہ صرف چند سرمایہ داروں کے مفادات کے لئے ہی ملکوں ملکوں کے چکر لگا رہے ہیں، کسانوں کی زمینیں ان کو دے رہے ہیں اور بے چارے کسان خودکشی کر رہے ہیں اور عوام کی توجہ کو ان بنیادی مسائل اور اپنے کالے کرتوتوں کی طرف سے ہٹانے کے لئے یوگا وغیرہ کا تماشہ کر رہے رہیں ۔۔۔۔۔۔۔۔ مسئلہ کی اس نوعیت پر نگاہ رکھئے اور ایک محب وطن شہری کی حیثیت سے اپنی ذمہ داری ادا کیجئے، اور سب مل کر اپنی آواز بلند کیجئے اور ایک بار پھر اس کا ثبوت دیجئے کہ آپ باشعور اور انصاف پسند ہیں۔ آنے والے دنوں میں جب ملک میں دستور بچاؤ تحریک کسی طرف سے چلے تو پوری طاقت سے اس کا ساتھ دیجئے۔

حکومت سے

ہم یہ کہنا چاہتے ہیں کہ ملک کے حقیقی مسائل کی طرف توجہ دیں، اور ملک کے دستور کو بدلنے اور ایک چھوٹی سی اقلیت کے عقیدوں اور کلچر کو ملک کے ۸۵٪ عوام پر تھوپنے کی حماقت نہ کریں۔

☆☆☆

اسی موضوع کی کتاب کا پہلا حصہ

تعلیماتِ اسلامی اور عصرِ حاضر

مرتبہ : ادارہ الفرقان

بین الاقوامی ایڈیشن منظرِ عام پر آچکا ہے